Nadine Luck

111 Orte für Kinder in und um Bamberg, die man gesehen haben muss

111

emons:

Bibliographische Informationen der Deutschen Nationalbibliothek
Die Deutsche Nationalbibliothek verzeichnet diese Publikation in der Deutschen Nationalbibliografie; detaillierte bibliografische Daten sind im Internet über http://dnb.d-nb.e abrufbar.

Layout: Editorial Design & Artdirection, Conny Laue, Bochum, nach einem Konzept von Lübbeke | Naumann | Thoben und Nina Schäfer
Kartografie: altancicek.design, www.altancicek.de
Kartenbasisinformationen aus Openstreetmap,
© OpenStreetMap-Mitwirkende, ODbL
Druck und Bindung: Grafisches Centrum Cuno, Calbe
Printed in Germany 2021
ISBN 978-3-7408-1075-7
Originalausgabe

VORWORT

Ich habe zwei allerliebste Nimmersatts zu Hause.

»Was machen wir heute noch Schönes?«, fragt etwa die Tochter, sobald sie aus der Grundschule kommt. Und wenn wir dann was Schönes machen – zur Pumptrackbahn fahren, Keramiken bemalen oder schwarzes Softeis essen –, dann heißt es noch währenddessen: »Und was machen wir danach Schönes?«

Gut, ich müsste mir natürlich nicht den Druck machen, mir immer etwas zu überlegen, und oft sage ich auch: »Wir bleiben daheim.« Aber: Ich mache auch gern »was Schönes«, und zwar mit der Familie zusammen; der Papa, der ist natürlich auch dabei, wenn er nicht gerade arbeitet. Und obwohl Bamberg nicht riesengroß ist, weder an den Alpen noch an einem nennenswerten See liegt, gibt's hier jede Menge zu erleben. Wir können uns höchst glücklich schätzen, dass unser Städtla nicht nur voll ist mit Sehenswürdigkeiten wie dem Dom, der Altstadt und der Altenburg. Es gibt hier auch jede Menge Spielplätze, Sportmöglichkeiten, Kreativkurse, Parks, Natur – kurzum: viele Orte für Kinder in und um Bamberg, die man gesehen haben muss. Für dieses Buch durften wir diese Orte besonders intensiv erleben. Die Kinder waren (meist) begeistert dabei, und dennoch oder deswegen bin ich ihnen dankbar, dass sie alles mit abgeklappert haben – und nicht aufhören zu fragen, was wir heute noch Schönes machen. Also: Auf die tollen Erlebnisse! Auf die Glücksmomente, die uns unser Lieblingsstädtchen beschert! Und vor allem: Auf unsere Kinder!

Antonia und Valentin, das Buch ist natürlich euch gewidmet. Geschrieben habe ich es mit eurer Hilfe für Familien, die wie wir immer »was Schönes« machen wollen. Wir haben 111 Tipps für sie.

Nadine Luck
www.mama-und-die-matschhose.de

111 ORTE

1_DIE ALTENBURG

Am höchstgelegenen Ort der Stadt

Mit herrschaftlichem Gefühl geht es über die Zugbrücke ins Torhaus, vorbei an zwei Kanonen, direkt auf den Burghof, wo das Abenteuer beginnt: Toll herumlaufen kann man hier, um den Brunnen und auf Wachtürme. Über die Zinnen blickt man hinab auf die Stadt – und noch viel weiter, Richtung Steigerwald, ins Regnitztal, bis zum Staffelberg und zur Giechburg. Die Altenburg ist eine der wichtigsten Sehenswürdigkeiten der Stadt, hier befindet man sich auf 386 Meter Höhe und damit an Bambergs höchstgelegenem Ort.

Obwohl man schon so weit oben ist, lohnt es sich, am Fuß des 33 Meter hohen Turms inmitten des Burghofs auch weiter gen oben zu blicken. Fast an der Spitze entdeckt man einen Eisenkorb, in dem früher Feuer entfacht wurde. Per Lichtsignal kommunizierte die Besatzung der Altenburg mit den Kollegen der ungefähr 20 Kilometer entfernten Giechburg. Auf dem Turm gibt es obendrein ein Falkennest. Wer einen Blick auf Familie Falke werfen will, sollte zurück zum Torhaus am Eingang der Burg gehen: Dort ist ein Monitor angebracht, der via Webcam mit Live-Bildern aus dem Nest versorgt wird.

Eine tierische Entdeckung macht man auch am Zwinger zur Rechten des Torhauses: Ein inhaftierter überdimensionierter Teddy hält hier die Erinnerung an Poldi, den letzten Burgbären Deutschlands, wach, der bis 1982 Bewohner der Burg war.

Nach der Besichtigung gilt es, im Restaurant Altenburg zu tafeln – oder sich ein Eis aus dem Automaten zu ziehen.

TIPP: Nach Osten orientiert, sind an der Burgmauer Nistkästen für Mauersegler und Fledermäuse angebracht. Spätabends ist es zwischen April und September möglich, Fledermäuse um die Laternen der Burg fliegen zu sehen, die sich dort die ins Licht flatternden Insekten schnappen.

Adresse Altenburg 1, 96049 Bamberg // ÖPNV Bus 901, 918, Haltestelle Panzerleite // Öffnungszeiten täglich 9–19 Uhr // für jedes Alter

2_DAS APFELWEIBLA

Ein Schelm, wer Böses denkt

Jedes Bamberger Kind kennt es mindestens vom Sehen her, denn das Apfelweibla kreuzt in sämtlichen Formen seine Wege: Es gibt das heimliche Bamberger Wahrzeichen inzwischen als Handyhülle, Kühlschrankmagnet, Muffinform, Praline – und weiß der Geier als was sonst noch. Ursprünglich aber handelte es sich bei dem schelmisch grinsenden Gesicht um den Knauf der Eingangstür zum Haus an der Eisgrube 14. Dort ist inzwischen nur noch eine Weibla-Kopie angebracht, ein Bronzeabguss des Originals, das wohl aus verzinntem Eisenblech ist. Letzteres ist im Historischen Museum zu sehen und stammt ungefähr aus dem Jahr 1720. Der Türknauf existierte bereits etwa 100 Jahre bevor der Dichter E.T.A. Hoffmann in Bamberg lebte; Hoffmann aber hat ihn erst berühmt gemacht.

Der Dichter lebte zwar nicht im Haus an der Eisgrube, hat aber wohl regelmäßig dort vorbeigeschaut in der Wohnung seines Freundes und späteren Verlegers Carl Friedrich Kunz. Den Knauf aus der Eisgrube hat er literarisch in »Der goldne Topf« verewigt und sogar zum Leben erweckt. Leider ist jener da unheimlich und böse, obwohl er auf den ersten Blick so pausbäckig-sympathisch wirkt.

Derart kunstvolle, originelle und lustige Türknäufe wie das Apfelweibla sind an mehreren Stellen in der Stadt zu finden. Wer mit Blick darauf durch die Gassen spaziert, wird sicher schnell fündig – gerade in der Eisgrube und der näheren Umgebung.

TIPP: Ein besonders sehenswerter Knauf ist auch »Otto« an der Tür des Gasthauses Ambräusianum im Sandgebiet. Glück soll haben, wer an Ottos Nase reibt. Wer indes unnötig mit dem Ring, einer Schlange, an die Tür klopft, wird sieben Jahre vom Pech verfolgt.

Adresse Eisgrube 14, 96049 Bamberg // ÖPNV Bus 912, 918, Haltestelle Schranne // für jedes Alter

3_DER BALLONLADEN

Wie auf dem Rummel

Eltern kennen das. Wenn auf einem Straßen- oder Volksfest ein Verkäufer mit Unmengen an Heliumballons steht, die in vielen Farben und Formen begeistern, kriegt man die Kinder keinen Schritt weiter. So lange nicht, bis sie einen der Ballons ihr Eigen nennen und ihn stolz durch die Straßen tragen dürfen. Beim Ballonladen und Partyshop von Kirea in der Oberen Königstraße 42 ist das so ähnlich: Hier gibt es Ballons in verschiedensten Größen, verschiedensten Formen und mit unterschiedlichsten Motiven darauf. Diese Ballons können unaufgeblasen gekauft werden, oder sie werden vor Ort frisch mit Helium befüllt. Natürlich haben die Ladeninhaber auch überall im Geschäft Ballonkreationen als wunderbare Deko für wirklich jeden Anlass – von Geburt bis Hochzeit – aufgestellt. Kinder? Kriegt man nur wieder raus, wenn sie eine Schnur mit entsprechendem Flugobjekt um den Arm gebunden haben.

Hier kann man sich für jeden Kindergeburtstag die passende Zahl als Helium-Ballon holen. Wer eine Motto-Party veranstaltet, wird ebenfalls fündig: Es gibt Piratenballons, Raketenballons, Prinzessinnenballons, Eisköniginnenballons. Und die passende Deko. Kurzum: nichts, was es nicht gibt.

Ein Knaller sind auch die sogenannten Airwalker: heliumbefüllte Tiere wie Dinos, Giraffen oder Katzen, die auf dem Boden zu laufen scheinen. Aber Achtung: Die wundervolle Deko knallt wirklich, wenn man versehentlich draufsteigt.

Adresse Obere Königstraße 42, 96052 Bamberg // ÖPNV Bus 901, 902, Haltestelle Luitpoldstraße // Öffnungszeiten Mo–Fr 14–18 Uhr, Sa 10–14 Uhr // ab 3 Jahre

TIPP: Um die Ecke gibt's in der Theuerstadt 5 bei der Metzgerei Kalb belegte Brödla als schnellen Zwischendurch-Snack.

4_DER BAMBERGBUS

Einchecken zum Hop-on-Hop-off

Früher war er ein US-amerikanischer Schulbus, jetzt ist er umlackiert und schaukelt vor allem Familien und ältere Menschen, die Probleme mit dem Kopfsteinpflaster haben, über 15 Stationen durch Bamberg. 2015 war es, als der BambergBus in knallrotem Anstrich auf einmal im Stadtbild auftauchte. Seither dreht er täglich seine Runden: vom Bahnhof über den Kranen zur Konzerthalle und über den Domplatz und den Hain zur Wunderburg und wieder zurück zum Bahnhof.

Touristen und Einheimische, die alles mal genauer wissen wollen, werden dabei durch die Stadt chauffiert und können überall dort, wo sie sich intensiv umsehen wollen, aussteigen, irgendwann später wieder einsteigen – und zu den nächsten Stationen weiterfahren. So funktioniert das Prinzip einer Hop-on-Hop-off-Tour. Bei schönem Wetter wird das Verdeck des Busses zurückgeschoben – dann haben die Passagiere nicht nur einen tollen Blick nach links und rechts, sondern auch nach oben.

Der höchste Punkt der Tour ist der Domplatz. Wer sechs der sieben Bamberger Hügel per Bus erobern will, muss statt einer BambergBus-Tour eine mit dem blau-gelben Fahrzeug der Bamberger Bahnen buchen. Dieses, das optisch an die frühere Straßenbahn der Stadt erinnert, fährt bei der »6-Hügel-Tour« etwa auch die Altenburg und das St.-Michaels-Kloster an. Start ist immer am Domplatz.

Adresse Ludwigstraße 6, 96052 Bamberg, www.bambergbus.de // **ÖPNV** Bus 901, 902, Haltestelle Bahnhof // **Öffnungszeiten** Fahrzeit 1. April – 1. Nov. täglich 10 – 17.14 Uhr, 2. Nov. – 6. Jan. und 1. – 31. März 10 – 15.14 Uhr; Kosten für ein Tagesticket: Erwachsene 11,50 Euro, Kinder bis 14 Jahre 5 Euro, Karten beim Fahrer // ab 3 Jahre

TIPP: Im Cine-Star-Kino (Ludwigstraße 2) flimmern die neuesten Filme über die Leinwand. Davor oder danach gilt es, mit Pappaufstellern Selfies zu machen.

5_DAS BAMBINI

Wahr gewordener Kindertraum oder Hüpfburghölle?

Es ist kaum zu glauben: Hier, in der von Gewerbe geprägten Geisfelder Straße, soll ein Spielplatz für Kinder sein? Der Parkplatz wirkt eher wie ein Industriehof. Hinter dem kleinen Eingangsbereich mit der Aufschrift »Bambini Kinderwelt« sowie einem winkenden Teddy soll sich mit 3.000 Quadratmetern tatsächlich einer der größten Indoorspielplätze Bayerns auftun? Nun ja: Wer eintritt, erlebt die Realisierung eines Kindertraums, mit vielen Attraktionen und Platz zum Toben. Das ist zumindest die eine Sicht der Dinge. Andere wähnen sich hier in einer Hüpfburghölle, ohne Blick nach draußen und ohne frische Luft – aber: Diese anderen sind auch nicht die Zielgruppe.

In der Nähe der Kasse gibt's ein Regal für die Straßenschuhe, wer sie ausgezogen hat, darf in Socken sämtliche Attraktionen in der ehemaligen Lagerhalle bestürmen. Das ist laut, wild und wunderbar. Die einen rennen zur riesigen Wabbelburg, die anderen beklettern den »Monte Bambini« – und rutschen wieder hinunter, es gibt Kart-Rennen, Stunts auf den Trampolinen und sogar ein behüpfbares Tigermaul, das sich immer mal wieder schließt – ja, mit Kindern drin! –, und jede Menge weiteren Spaß.

Auf die Eltern warten viele Sitzgelegenheiten und die Aussicht darauf, dass sie ihre Kinder nicht wie beim Open-Air-Spielplatz selbst versorgen müssen – denn die Bambinische Gastronomie hat eine familiengerechte Karte, auf der sich von Donuts bis Pizza alles befindet, was ausgepowerte Kinder begehren – und ihre Eltern auch.

Adresse Geisfelder Straße 48, 96050 Bamberg // ÖPNV Bus 911, Haltestelle Berliner Ring // Öffnungszeiten Mo, Mi, Do, Fr 13–19 Uhr, Sa, So 11–19 Uhr, in den Ferien täglich 11–19 Uhr; Eintritt: Erwachsene 4,90 Euro, Kinder unter 2 Jahre frei, Kinder ab 2 Jahre 7,90 Euro // ab 2 Jahre

TIPP: Größte Vergnügung für die ganze Familie verheißt auch das Spaß-Bad Bambados in der Pödeldorfer Straße 174, mit angrenzendem Freibad.

6_DIE BASKIDHALL

Ein großer Wurf

In der BasKIDhall in der Gereuth wird ziemlich viel unter einen Hut gebracht: Jugendarbeit, Stadtteilarbeit und Profisport finden in der 2015 eröffneten Halle statt. Konkret richtet sich das Angebot auf 760 Quadratmetern an Kinder, Jugendliche und überhaupt alle Interessierten aus dem Brennpunktviertel – und an die Jugendmannschaft von Brose Bamberg, dem Profi-Basketballverein der Stadt, der hier seine Trainings absolviert. Hinter dieser bewusst gewählten Kombination aus Leistungssport und sozialer Arbeit stehen die Stadt, Brose Bamberg und iSo, ein Verein für innovative Sozialarbeit. Durch neue, ungewöhnliche Verbindungen werden Brücken gebaut.

Klar ist es aufregend für die Kinder und Jugendlichen aus der Gereuth, wenn einer der berühmten Basketballprofis durch die Räume geht, um beim Training des Jugendteams zu helfen. Der Profi kann sich sicher sein, bei seinem Besuch von Kindern und Jugendlichen, die sich gerade in der geliebten BasKIDhall aufhalten, umlagert zu werden. Und die jungen Fans, die kriegen auch auf diese Weise Anreize, Sport zu machen und ihren Vorbildern nachzufeiern.

Vorher aber müssen sie Hausaufgaben machen. In der BasKIDhall gibt's werktäglich ab 16 Uhr kostenfreie Hausaufgabenbetreuung für Kinder aus der Gegend, die Ruhe oder Hilfe brauchen. Ist die Pflicht erledigt, geht's nicht nur um Sport, sondern etwa auch ums gemeinsame Theaterspielen, ums Kreativsein, um Feste und den Spaß. Faszinierend, was alles grandioserweise unter einem Dach passieren kann.

Adresse Kornstraße 20, 96050 Bamberg // **ÖPNV** Bus 905, Haltestelle Gereuthstraße // **Öffnungszeiten** Termine unter www.baskidhall-bamberg.de oder Tel. 0951/30130768 // ab 7 Jahre

TIPP: Am Distelweg gibt's einen bestens ausgestatteten Spielplatz!

7_DER BAUM DER HOFFNUNG

A Tännschen, please – für den guten Zweck!

Kugel um Kugel wird die mehrere Meter hohe Tanne am Gabelmann zum prächtigen Weihnachtsbaum – so lange, bis sie rund 4.000 Kugeln trägt und ein fünfstelliger Erlös zusammengekommen ist. Alle Jahre wieder freuen sich die Passanten hier, am barocken Neptunbrunnen mitten in der Fußgängerzone, über die wunderschöne weihnachtliche Innenstadt-Dekoration. Sie dient nicht nur als Schmuck, sondern auch einem guten Zweck: Beim »Baum der Hoffnung« handelt es sich um ein Projekt des Rotary Clubs, dessen Mitglieder den gesamten Advent hindurch Weihnachtskugeln an einem Stand neben der Tanne anbieten. Gegen eine Spende dürfen sich die Passanten eine Christbaumkugel nehmen und an den Baum hängen. Der Erlös kommt komplett der Bamberger Tafel zugute. Die Kugeln sind gebraucht und wurden im Vorfeld von den Rotariern organisiert.

Dass viele Kugeln eher im unteren Teil der Tanne hängen, liegt daran, dass viele Kinder die Kugeln aufhängen. Es ist aber auch toll, während eines vielleicht eher langweiligen Shopping-Nachmittags in der Innenstadt Teil eines solchen Projekts zu sein.

Ein gutes Gefühl gibt es, dass die Spender auf diese Weise veranschaulicht bekommen, dass sie Hilfe leisten – und dazu beitragen, dass während der Weihnachtszeit ein immer beeindruckend geschmückter Baum in der Bamberger Fußgängerzone zu sehen ist.

TIPP: Eine vergleichbare Aktion gibt es in der Karwoche: Wer dann ein Osterei am Stand des Rotary Clubs gegen eine Spende erwirbt, kann es direkt am Gabelmann aufhängen und diesen so für einen guten Zweck zum Osterbrunnen machen.

Adresse Grüner Markt, 96047 Bamberg // **ÖPNV** alle Linien, Haltestelle ZOB // **Öffnungszeiten** in der Regel den kompletten Advent hindurch täglich 14–17 Uhr, Sa, So 11–17 Uhr; Kosten: ab 1 Euro // ab 2 Jahre

8_DIE BIENEN-INFO-WABE

Summ, summ, summ

Honigernte mitten in der Stadt? Überhaupt, wie kommt der Honig ins Glas? Gibt es wirklich eine Bienendemokratie? Was hat es mit der Schwarmintelligenz auf sich? Wie reagieren Frankens Bienen auf den Klimawandel? Bienen und ihre Bedeutung ins Bewusstsein der Menschen zu bringen, das ist der Job, den die Betreiber der Bienen-Info-Wabe auf der großen Wiese am Bienenweg der Erba-Insel übernehmen.

Im 45 Quadratmeter großen Holzhäuschen in Form einer sechseckigen Wabe bietet die Initiative »Bienen-leben-in-Bamberg.de« nicht nur Unterrichtsstunden für Bambergs Schüler sowie Führungen an. Jeden dritten Sonntag im Monat gibt es von April bis Mitte September ein »Offenes Haus« für alle großen und kleinen Interessenten. Die Imkerin Ilona Munique und Imkermeister Reinhold Burger stehen dann jeweils von 14 bis 17 Uhr Rede und Antwort, sie organisieren Vorträge, Feste und vieles mehr rund um die Themen Bienen, Honig, Imkerei und Natur.

Obendrein gibt es im Juli am Lehrbienenstand des öffentlichen Geländes einen Honigerntetag, bei dem auch Familien kostenlos mitmachen dürfen. Für die genauen Termine der für kleines Geld angebotenen Honigschleudertage und weitere Veranstaltungen lohnt sich ein Blick auf die Webseite. Sowieso immer rentiert sich ein Besuch des Bienengartens mit seinen 130 Einzelpflanzen, die von botanischen Pflanzenschildern und Infotafeln begleitet sind.

TIPP: An das Areal der Info-Wabe schließt sich eine 5.000 Quadratmeter große bunte Blumenwiese an, in der sich zahllose Schmetterlinge und Wildbienen tummeln. Das Ganze hat das Gartenamt im Zuge einer »Bamberger Blühoffensive« angelegt. Sehenswert!

Adresse Bienenweg 1, 96047 Bamberg (Erba-Park, Nähe Fünferlessteg) // ÖPNV Bus 906, Haltestelle Spinnerei // Öffnungszeiten Gelände immer zugänglich, Veranstaltungstermine unter www.bienen-leben-in-bamberg.de // ab 6 Jahre

9_DER BOOTSVERLEIH

Die Biege machen an der Buger Spitze

Viele Bamberger sitzen einfach nur da und schauen aufs Wasser. Ruhig und idyllisch ist es hier, am nördlichen Ende des Hain-Parks, mit Blick auf die Bäume des gegenüberliegenden Ufers, auf die Häuschen des Stadtteils Bug und auf die Regnitz, die sich hier vor Erreichen der Bamberger Altstadt in einen linken und einen rechten Arm teilt. Links fließt sie weiter ins alte Mühlenviertel Mühlwörth, wo sie jahrhundertelang die Mühlen antrieb, vermutlich bereits im 15. Jahrhundert. Nach rechts konnte überschüssiges Wasser geleitet werden, das den Mühlenbetrieb überfordert hätte. Damit es an diesem besonderen Ort niemandem langweilig wird, gilt es nach einer Weile des Ruhens und Schauens, sich beim Bootsverleih Wagner ein Tret- oder Ruderboot zu besorgen und darin an der Buger Spitze die Biege zu machen.

Übrigens haben Boote hier eine lange Tradition: Bis Ende der 1950er Jahre gab es gleich bei der Buger Spitze eine Fähre, die Ausflügler vom Hain nach Bug chauffierte. Jetzt müssen die Leute selbst gehen, über die Fußgängerbrücke, die die beiden Viertel seit 1963 verbindet. Neben der Fähre existierte früher als weiteres beliebtes Wasserfahrzeug das »Haindampferla«, ein kleines Motorschiff, das von der Buger Spitze bis zur Villa Concordia fuhr. Das muss ein tolles Schauspiel gewesen sein.

TIPP: Sehenswert ist auch die Christophorus-Statue an der Buger Spitze mit dem Jesuskind auf den Schultern. Christophorus ist der Schutzheilige der Autofahrer und Reisenden – und scheint seinen Passagier sicher über die Regnitz zu tragen.

Adresse Buger Spitze, 96049 Bamberg // **ÖPNV** Bus 918, Haltestelle Bug Mitte // **Öffnungszeiten** in der Sommersaison bei gutem Wetter 13–18 Uhr; Kosten: 10 Euro/30 Minuten für 4 Personen // ab 6 Jahre

10_DER BOTANISCHE GARTEN

Gans schön hier

Geplant war er als Schulgarten. Ab 1923 lernten Bambergs Kinder im Botanischen Garten des Hain-Parks alles über Bienchen und Blümchen – und sie durften auch selbst Hand anlegen und sich im Gärtnern versuchen. Der damalige Gartenbaudirektor Viktor Luster ließ alles dafür vorbereiten: die vier Riesenbeete, das malerische Metznerhäuschen und den Hainweiher mit Aussichtskanzeln und einer künstlichen Insel, in den der Botanische Garten übergeht und der bislang ein unspektakuläres Altwasser der Regnitz war, der Schwanenweiher.

Nachdem das Gelände nach dem Zweiten Weltkrieg vor allem als Ziergarten diente, ist es in der jüngeren Vergangenheit wieder nahezu in den einstigen Zustand zurückversetzt worden. Genau wie die Menschen haben auch Insekten viel Freude an den ökologisch wertvollen Beeten. Dafür, dass man hier, in der paradiesischen Naturoase, nicht die Zeit vergisst, sorgt seit 1935 eine Sonnenuhr im Zentrum des Gartens.

Das alles gefällt auch zahllosen Gänsen und Enten, darunter auch Mandarinenten, die sich hier gern aufhalten und von den Passanten beobachten lassen, bis es ihnen zu bunt wird und sie wegfliegen.

Hinfliegen tun hier wiederum die Bamberger Kinder – auf dem Hainweiher, wenn er denn mal wieder zugefroren ist, was selten genug passiert. Dann ist er ein beliebtes Schlittschuhgelände.

TIPP: Im Hain sind häufig »Frankenstones« zu finden, bemalte Steine, die von kreativen Bambergern versteckt werden, um anderen eine Freude zu machen und um »weiterzureisen«. Wer einen der »Frankenstones« entdeckt, kann das in der gleichnamigen Facebook-Gruppe posten.

Adresse Luisenhain, 96047 Bamberg // ÖPNV Bus 930, Haltestelle P+R Heinrichsdamm // Öffnungszeiten immer zugänglich // für jedes Alter

11_DIE BOULDERHALLE

Kletterrunden durchs Denkmal

Wer die ehemalige Posthalle an der Memmelsdorfer Straße 211 betritt, ein denkmalgeschütztes Gebäude aus dem Jahr 1918, fühlt sich wie in einer Kirche. Die Lichtkuppeln im Dach auf zwölf Meter Höhe und die vielen Rundbögen im luftigen Raum erinnern an sakrale Bauten. Die Halle ist den Bamberger Freunden des Klettersports auch heilig: Die »Blockhelden Bamberg« haben in dem eindrucksvollen Gebäude ein Paradies für Klettermaxen geschaffen.

Auf zwei Kletterebenen nehmen boulderbegeisterte Bamberger auf ihrem Weg über künstliche wie kunstvolle Felsformationen ungewöhnliche Perspektiven ein. Auf 1.200 Quadratmeter Fläche hangeln sie sich von Ziel zu Ziel. Ohne Seil und Klettergurt geht's bis zu drei Meter hohe Wände hinauf – und keine Angst: Wer abstürzt, fällt nicht hart. 30 Zentimeter dicke Weichbodenmatten schützen die Kletterer vor Verletzungen.

Ausdrücklich willkommen sind in diesem architektonischen Kleinod auch Kinder jeden Alters. Für die Kleinsten gibt es einen eigenen Bereich, in dem sie toben und spielen und die ersten kindgerechten Boulder schaffen können. Erfahrenere Nachwuchskletterer dürfen sich gern an den großen Wänden im Erdgeschoss versuchen. Allein das Obergeschoss ist Boulderfans ab 14 Jahre vorbehalten. Überall gibt es Routen in verschiedenen Schwierigkeitsstufen. Wer nicht nur »einfach so« zum Klettern kommen, sondern es richtig lernen will, kann ab dem Alter von fünf Jahren in einem Kurs mitmachen.

TIPP: Im »Fuchsbau«, einer Filiale der Bäckerei Fuchs in der Memmelsdorfer Straße 179 mit integriertem Café, kann sich die ganze Familie vor oder nach dem Bouldern bei Fitness-Frühstück, Kuchen oder Pizza stärken.

Adresse Memmelsdorfer Straße 211, 96052 Bamberg, www.blockhelden.de/bamberg // **ÖPNV** Bus 907, Haltestelle Hauptsmoorstraße // **Öffnungszeiten** Mo, Mi, Fr–So 9–23 Uhr, Di, Do 11–23 Uhr; Eintritt: unterschiedlich, am Wochenende zum Beispiel Kinder (6–13 Jahre) 6,90 Euro, Geschwisterkind frei // ab 0 Jahre

12_DAS BOWLINGHAUS

Moonlight am Sonntagnachmittag

Der Spaß findet in einem verdunkelten Raum statt. Lichteffekte in verschiedenen Farben sorgen für coole Club-Atmosphäre. An einer Wand leuchten die Silhouetten verschiedener Metropolen wie New York, Paris und … Bamberg. Wummernde Sounds bringen die Menschen dazu, ein bisschen zu tanzen. Der Junge nimmt eine Kugel – und bringt sie wie ein intergalaktisches Wurfgeschoss zum Rollen. Wumms! Am Ende der Bahn hat sie die Hälfte der Pins umgenietet. Der Junge hat einen weiteren Versuch. Vielleicht schafft er dann alle zehn?

Es braucht – draußen – kein Mondlicht, damit im Bowlinghaus Bamberg »Moonlight Bowling« veranstaltet wird. Jeden Sonntag ab 14 Uhr findet dies speziell für Familien statt, dann dürfen auch Kinder die Kugel zu spacigen Lichteffekten schieben. Dies ist vergleichsweise einfach zu bewerkstelligen, sodass auch Anfänger ihre Erfolge und vor allem Spaß haben.

Wer die Räume betritt, in denen auch Billard und Dart angeboten werden, muss als Erstes Leihschuhe mit Gleitsohle mieten. Wie viele Kegelrunden gezockt werden, kann auch im Laufe des Nachmittags entschieden werden: Der Computer an jeder einzelnen Bowlingbahn, der brav den Spielstand ermittelt, ist bereit für immer neue Spiele.

Wer zwischendurch Hunger bekommt: Das amerikanisch beeinflusste Essen von Nachos über Pizza und Pasta hin zu Burgern und Ben-&-Jerry-Eis ist toll, es gibt auch eigens ausgewiesene Kindergerichte wie Chicken Nuggets und Rigatoni Bolognese.

Adresse Moosstraße 91–97, 96050 Bamberg, Tel. 0951/5191644 // **ÖPNV** Bus 911, Haltestelle Moosstraße // **Öffnungszeiten** siehe www.bowling-in-bamberg.de; Kosten Moonlightbowling: 2,80 Euro pro Spiel und Person, Leihschuhe 1,90 Euro // ab 6 Jahre

TIPP: Ein paar Schritte weiter liegt das Gartencenter Dehner (Moosstraße 109) mit einer kleinen Zoo-Abteilung. Dort lassen sich Fische, aber auch Hamster, Kaninchen und andere kleine Tiere beobachten.

13_DER BÜCHERSCHRANK

Lesestoff aus der Telefonzelle

Asterix war schon da, Ronja Räubertochter und sogar Harry Potter höchstpersönlich. Die Comic- und Kinderbuchhelden haben sich zur Erwachsenenliteratur in den öffentlichen Bücherschrank am Gartenstädter Markt gesellt, bis sie von jungen Leseratten entdeckt und kostenlos mitgenommen wurden. Seit 2016 ermöglicht der Bürgerverein Gartenstadt die Büchertauscherei, die genau genommen nicht in einem Schrank, sondern in einer roten Telefonzelle stattfindet.

Darin ist zwar kein Telefonbuch mehr zu finden, dafür aber ein Stahlregal. Davor steht fast immer jemand und stöbert, bis er ein Buch auswählt und manchmal im Gegenzug eins hineinstellt. Die Initiative für die Bücher-Tauschstation kam von der Gartenstädter Zweigstelle der Stadtbücherei. Um die Finanzierung und Pflege kümmert sich der Bürgerverein. Regelmäßig müssen die Bücher sortiert und notfalls ausgemistet werden: Es kommt nämlich vor, dass manche Menschen nur völlig verknickte Staubfänger entrümpeln. Das verursacht dann Arbeit statt Freude.

Wer kein Buch zum Tausch dabeihat, kann sich in der Regel dennoch an öffentlichen Bücherschränken bedienen. Schön ist aber schon, wenn etwas dagelassen wird. Von diesem kostenlosen Geben und Nehmen profitieren alle, denn wer mag schon Literatur wegwerfen?

Der Asterix wurde übrigens gegen ein »Sams«-Buch des Bamberger Autors Paul Maar getauscht. Und das wiederum blieb keine zwei Stunden in der Telefonzelle, bis es einen neuen Besitzer gefunden hat, der einen Franken-Krimi einstellte.

Adresse Gartenstädter Markt, 96052 Bamberg // ÖPNV Bus 935, Haltestelle Kunigundenkirche // Öffnungszeiten jederzeit // ab 7 Jahre

TIPP: Im Bücherschrank war keine passende Lektüre dabei? Dann gilt es, in die Zweigstelle der Stadtbücherei St. Kunigund in unmittelbarer Nähe zu huschen. Dort finden auch Lese- und Bastelnachmittage statt.

14_DAS CAFÉ LEANDER

Einen an der Waffel

Die Passage ist leicht zu übersehen. Wer die Hauptwachstraße entlanggeht, muss genau hinschauen, wo's hineingeht. Aber: Unter dem Emblem »Schuh im Hof« führt ein schmaler Gang in einen Innenhof, in dem man nichts erwartet hätte und plötzlich alles, was man nach einem anstrengenden Innenstadtbummel benötigt, bekommt: Waffeln, Pancakes, eine warme Suppe, Salate im Sommer, leckeren Kuchen, herrlichen Kaffee oder heiße Schokolade; vieles davon vegan.

Das »Café Leander« hat hier eine eigene Welt geschaffen, in der man an bunten Tischen und auf charmant zusammengewürfelten Stühlen Fritz-Bio-Schorle und Leckereien aus regionalen Zutaten serviert kriegt. Es kann zwar manchmal ein bisschen dauern, bis das Essen auf dem Tisch steht – aber ja, das Warten lohnt sich.

Drinnen wie draußen ist kunterbunt dekoriert, auf den Tischen stehen Pflanzen. Selbst beschriebene Tafeln weisen auf die Leckereien des Tages oder auf Reservierungen hin. Kinder jeden Alters sind ausdrücklich willkommen, rasen aber meist sogleich durch die Räume bis ins Spielzimmer mit Maltisch, Spielzeug und Büchern – oder raus in den Garten zu Sandkasten und Schaukeln.

Wer mag, kann hier auch leib- und seelenwärmende Suppen und Eintöpfe zum Mitnehmen kaufen. Aber bitte dann den Nachtisch nicht vergessen, denn das köstliche Motto des Cafés lautet: »Ein Leben ohne Kuchen ist möglich, aber sinnlos«.

TIPP: An der Promenadestraße gibt es einen kleinen, futuristischen Spielplatz, auf dem sich Familien die Zeit vertreiben können, bis der ersehnte Bus endlich am ZOB einfährt.

Adresse Hauptwachstraße 10, 96047 Bamberg, www.cafeleander.de // ÖPNV alle Linien, Haltestelle ZOB // Öffnungszeiten Mo–So 9–18 Uhr // für jedes Alter

15_DAS CAFÉ NIKA

Happy-Hippo-Donut trifft Blaubeere-Oreo-Waffel

Bereit für einen Zuckerschock? Dann auf zum Café Nika in die Frauenstraße, einer der angesagtesten Adressen der Stadt für Süßschnäbel! Hier ist jeder einzelne der handtellergroßen Kringel ein Kunstwerk für sich. Man kann sie an der Theke des buchstäblich süßen Cafés als rosafarbenen Yogurette-Donut mit Erdbeere, Brombeere und Schokoriegel oder als Kinder-Pingui-Cherry-Kreation bewundern – und schließlich auf dem Teller vernaschen. Immer neue kreativ-köstliche Ideen werden hier realisiert, zu den Klassikern des Nika zählen allerdings der Happy-Hippo-Donut und der Ferrero-Rocher-auf-Schokolade-Donut.

Klar, dass diese Kunstwerke erst nach ausgiebiger Betrachtung gegessen werden können. Und natürlich nervt es dann die Kinder, wenn ihre Eltern erst 127 Fotos der kunstvollen Kringel für Instagram machen, bevor sie in die Lieblingssünde hineinbeißen. Aber es wäre auch zu schade, wenn die wunderbar originellen runden Dinger ohne Erinnerungsbild verschwinden würden.

Das Café Nika hat sich aufgrund dieses formidablen Speiseangebots nach seiner Eröffnung blitzschnell vom Geheimtipp zu einem der beliebtesten Kaffee-Spots der Stadt entwickelt. Und nicht nur im Lädchen, auch auf der Dachterrasse sitzt man herrlich lässig zwischen den Süßigkeiten. Waffeln – süße wie herzhafte – gibt es übrigens auch, mit verschiedensten Toppings, von Früchtchen wie Blaubeeren über Oreo-Kekse bis hin zu Eis oder Salsa-Soße.

Adresse Frauenstraße 5, 96047 Bamberg // **ÖPNV** alle Linien, Haltestelle ZOB // **Öffnungszeiten** Mo–Fr 9–19 Uhr, Sa 9–18 Uhr // ab 2 Jahre

TIPP: Lust auf ein Donut-Vergleichs-Essen? Eine Filiale der Kette Dunkin' Donuts befindet sich in der Franz-Ludwig-Straße 8.

16_DIE CAMPINGINSEL

Zwischen Winnetou und Meerjungfrau

Dass der Bierkrugweg um die Ecke ist, ist eher für Mama und Papa lustig. Dass aber die Karl-May-Straße hierher, an den südlichen Ausgang des Bamberger Ortsteils Bug, führt, das klingt nach Abenteuer, nach Cowboy-und-Indianer-Spielen: Die »Campinginsel« ist Bambergs großer Campingplatz, sie befindet sich einerseits direkt am Regnitzufer und ist auf der anderen Seite von alten Bäumen umgeben. Das Gelände fühlt sich an wie ein Park, an mehreren Stellen stehen Skulpturen, zum Beispiel eine Meerjungfrau und Tänzer. Ein Stück des Regnitzufers ist Zelten vorbehalten, das dürfte die Bestlage für eine Übernachtung auf dem nicht parzellierten Gelände sein.

Weil das Herzstück, das Gasthaus Hoffmanns-Klause, nicht nur für Campingplatzbewohner, sondern auch für Bamberger geöffnet ist, sind auch Letztere gern hier und strecken die Beine unter den Tischen im Gastgarten aus, mit vorzüglichem Blick auf das wassersportliche Treiben auf der Regnitz.

Kinder allerdings, egal ob einheimische oder urlaubende, finden die Spielplätze auf dem Camping-Gelände spannend. Es gibt Trampoline, eine Wagenrad-Schaukel, ausrangierte, besteigbare Traktoren, eine Voliere mit Wellensittichen und Kanarienvögeln und einen bekletterbaren Brunnen. Obendrein ist es spannend zu sehen, wo und wie die Urlauber ihre Zelte aufgeschlagen haben, welche Wäsche an den Leinen hängt – und wow, manche Camper haben tatsächlich eine Satellitenschüssel mitgebracht, um im Wohnmobil fernzusehen!

TIPP: Wer die Karl-May-Straße weiterfährt, bis sie zur Kreisstraße BA 29 wird, landet nach wenigen Kilometern im Hofladen von »Erlebnisernte« am Eichenhof 1 in Pettstadt. Hier gibt es den besten Kuchen weit und breit zu kaufen, gebacken wird nach Landfrauenart (www.erlebnisernte.de).

Adresse Am Campingplatz 1, 96049 Bamberg, Tel. 0951/56320 // **ÖPNV** Bus 918, Haltestelle Campingplatz // **Öffnungszeiten** Campingplatz: 365 Tage im Jahr; Klause: Infos siehe www.campinginsel.de // für jedes Alter

17_ DAS CHAPEAU CLAQUE

Lampenfieber an, Vorhang auf

Die Bühne befindet sich in einem kleinen Gebäude, versteckt hinter Wohnblöcken an der Grafensteinstraße 16. »Chapeau Claque« heißt das Kindertheater, das hier den Vorhang für originelle, hintersinnige und witzige Inszenierungen öffnet, die in der Regel nicht nur das junge Publikum, sondern auch die Begleitpersonen bestens unterhalten. Großartig kam »Der kleine Prinz« an. Oder »Armstrong – Die abenteuerliche Reise einer Maus zum Mond« – nach dem beliebten Bilderbuch von Torben Kuhlmann. Und so weiter und so fort.

Im Sommer verlegt das Theater seine Bühne manchmal an die frische Luft. Es gibt dann etwa mal ein Stück auf der Altenburg – und eine Bühnenversion von »Heidi« wurde auf einer echten Ziegenweide in Wildensorg aufgeführt. Da ist allein die Kulisse ein Erlebnis. Auch in Klassenzimmern gastiert das Ensemble und bietet in den Schulen interaktive Theaterstücke zu psychosozialen Themen an, vor allem zur Sucht- und Gewaltprävention.

Toll: Auch Kinder können bei Chapeau Claque zu Schauspielern werden, etwa in Kursen im Rahmen des städtischen Ferienprogramms. Dann kreieren sie eigene Stücke mit allem, was dazugehört, von der Idee über den Ablauf des Stücks bis hin zu Kostümen, Maske und Einladungen. Gegen Ende des Kurses dürfen die Eltern bei der Aufführung zusehen und ein Bild etwa ihres schauspielernden Sohnes machen, in seiner Rolle als diebischer Cowboy.

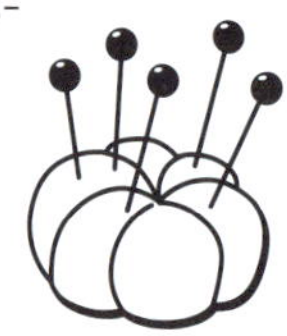

Adresse Grafensteinstraße 16, 96052 Bamberg // ÖPNV Bus 901, Haltestelle Grafensteinstraße // Öffnungszeiten Termine und Preise siehe www.kindertheater-bamberg.de // Alter je nach Angebot

TIPP: In der nahe gelegenen Turnhalle der Heidelsteigschule finden viele Sportkurse für Kinder statt, zum Beispiel die Karatekurse des Post SV 1928.

18_DIE CHRISTL

Kopf einziehen unter Bambergs Brücken

Die »Christl« kennt in Bamberg jeder. Täglich dreht sie ihre Runden und sorgt dafür, dass vielen Leichtmatrosen angenehmer Fahrtwind um die Nase bläst. »Christl« und »Stadt Bamberg« heißen die bekannten Passagierschiffe der Fischerfamilie Kropf, die Bamberger und Touristen vom Kranen zum Hafen und zurück befördern.

Bereits seit 1983 ist die »Christl«, die eigens für die Verhältnisse in der Regnitz mit ihrem vergleichsweise niedrigen Wasserstand gebaut wurde, im Dienst; auch unter die niedrigen Bamberger Brücken muss sie freilich passen. Seit 1986 befindet sie sich in bester Gesellschaft der »Stadt Bamberg«, die damals eines der modernsten Schiffe weit und breit war.

Die Boote starten an der Anlegestelle am Kranen, da, wo vom Mittelalter bis ins erste Jahrzehnt des 20. Jahrhunderts der alte Bamberger Hafen lag. Dort wenden die beiden Schiffe und gleiten die Regnitz hinab. Die Passagiere können sich dabei herrlich entspannen – bis es an der Markusbrücke heißt: »Kopf einziehen am Oberdeck!«

Wenig später kann man eine Schleusung erleben. Exakt passen die beiden Schiffe in die Schleuse bei Gaustadt, die mechanisch betrieben wird. Weiter geht es entlang des Geländes des Erba-Parks bis zum Hafen – und wieder zurück. Diese Hafenrundfahrt, die 80 Minuten dauert, ist der Standard. An speziellen Terminen fahren die Ausflugsschiffe der Familie Kropf auch woandershin, etwa über den Main bis nach Eltmann.

Adresse Am Kranen, 96047 Bamberg, www.personenschiffahrt-bamberg.de // ÖPNV Bus 916, 938, Haltestelle Am Kranen // Öffnungszeiten Termine: Mai–Okt. stündlich 11–16 Uhr, in der Vor- und Nachsaison nach Bedarf, Dez.–Feb. kein Betrieb; Fahrpreise: Erwachsene 12 Euro, Kinder (3–14 Jahre) 6 Euro, Jugendliche (14–17 Jahre) 7 Euro, Tickets vor Ort erwerbbar // ab 3 Jahre

TIPP: In unmittelbarer Nähe zur Anlegestelle befindet sich ein Bücherschrank mit einem eigenen Kinder- und Jugendbuch-Fach.

19_DER DOMGRUND-SPIELPLATZ

Schaukeln mit Domblick

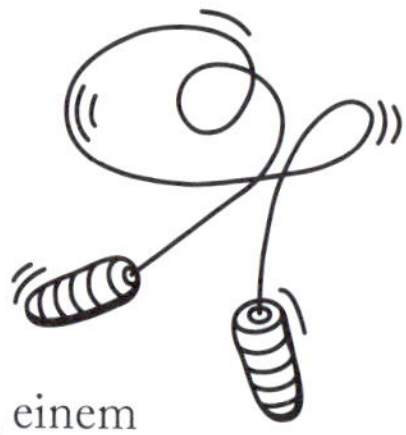

Überfüllt ist der Spielplatz nie. Das liegt vermutlich an seiner versteckten Lage und daran, dass man ihn nur über einen Fuß- beziehungsweise Radweg erreichen kann. Er streckt sich im Domgrund aus, einem ehemaligen Bachtal zwischen Dom- und Kaulberg. Während sich die beiden Gebiete diesseits und jenseits zu zweien der sieben Bamberger Hügel aufbäumen, geht's hier romantisch talwärts. Unten angekommen, wird jeder für den kleinen Marsch oder die kleine Fahrradtour belohnt: mit einem wundervollen, schattigen Spielplatz.

Es gibt zwei Wege zum Domgrund und seinem Spielplatz: von der Matern aus übers Knöcklein und dann bergab zum Domgrundweg. Oder von der anderen Seite über den Vorderen und Hinteren Bach. Wer ankommt, freut sich über die tollen Spielgeräte: den Spielturm, das Häuschen, die Tafel, die Schaukeln, die extrabreite Rutsche, die Wippe und die Wipptiere sowie den Kletterpfad, auf dem die Kinder verschiedene Hindernisse überwinden können. Der Pfad windet sich den Hang Richtung Kaulberg hinauf, hier gibt es auch etliche Bäume und Äste zum Versteckenspielen oder Lagerbauen.

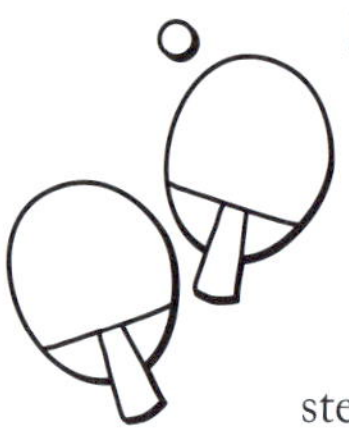

Unten am Spielplatz geht's zum Ausruhen über eine steinerne Zunge in eine Monsterhöhle hinein. Sportlich betätigen kann man sich später wieder am Basketballkorb oder an der Tischtennisplatte. Höchst beeindruckend ist der Blick vom Spielplatz zum Dom hinauf. Der raubt einem auch ganz ohne sportliche Betätigung den Atem.

TIPP: Wenn man vom Knöcklein aus zum Domgrund geht, kommt man an einer mit Graffiti besprühten Wand vorbei. Das Gesicht Pablo Picassos ist da unter anderem verewigt. Cool und kunstvoll!

Adresse Im Domgrund, 96049 Bamberg // **ÖPNV** Bus 910, Haltestelle Domplatz // **Öffnungszeiten** immer zugänglich // 0 – 12 Jahre

20_DIE DOMKRÖTEN

Tierisch heilig

Zwei Kröten stehen als steinerne Wächter vor der prächtigen Eingangspforte des Bamberger Doms. Manchmal klettern Kinder auf ihnen herum und lassen sich dabei fürs Familienalbum fotografieren. Aber Moment! Warum um alles in der Welt sind es Kröten, die die Besucher des Doms empfangen, und nicht irgendetwas Mächtigeres wie Elefanten, etwas Schöneres wie Pfauen – oder zumindest etwas Regionales wie Schweine oder Kühe?

Nun ja: Als Kaiser Heinrich II. den ersten Bamberger Dom bauen ließ, sollen es zwei Löwen gewesen sein, die die Eingänge bewachten. Als Könige der Tiere taugten die steinernen Geschöpfe tatsächlich als Machtsymbole für den Kaiser. Zwei Dombrände später aber sollen von ihnen nur noch geschmorte Kröten übrig gewesen sein.

Der Name »Domkröten« soll sich von dem im Mittelalter verwendeten Wort »Domgreden« ableiten, das die Stufen des Doms bezeichnet, zumal die Figuren ja gleich an der Treppe zum Gotteshaus stehen.

Übrigens: Domkühe gibt es tatsächlich auch. Wer um den Dom herum zum Westchor geht, kann sie hoch oben an einem der Turmkränze erkennen. Sie wurden als Dank dafür, dass sie beim Dombau schweres Material den Berg hinauftransportiert haben, in Stein gemeißelt und auf diese Weise verewigt. Auch im Inneren der Kathedrale ist an der einen oder anderen Stelle ein steinernes Tier zu sehen. Es lohnt sich bestimmt, danach Ausschau zu halten.

TIPP: Der berühmte Bamberger Reiter ist auf seinem steinernen Pferd im Inneren des Doms zu sehen. Als Bastelbogen gibt es ihn im benachbarten Diözesanmuseum zu kaufen.

Adresse Domplatz 6, 96049 Bamberg // **ÖPNV** Bus 910, Haltestelle Domplatz // **Öffnungszeiten** jederzeit zugänglich // für jedes Alter

21_DER EISWEIHER

Schlitterpartie auf dem Sylvanersee

Pi mal Daumen alle fünf Jahre, heißt es, trage das Eis auf Bambergs Weihern. Dazwischen ist diesbezüglich, äh, Eiszeit. Wenn die Temperaturen aber lange genug unter null liegen, sodass etwa der Hainweiher, der Eichselsee in Wildensorg oder der Weiher am Höfener Weg ordentlich zufrieren – dann können die hiesigen Familien endlich mal wieder Schlittschuh laufen gehen, dann gibt es kein Halten mehr. Also, das gibt es natürlich meist eh nicht auf dem Eis, denn wer tüchtig ins Rutschen gekommen ist, hört nicht so schnell damit auf.

Einer der beliebtesten Hot- beziehungsweise Coolspots der Gegend in einem der seltenen Frost-Winter ist der Sylvanersee, der ans bergige Wohngebiet am westlichen Ende Gaustadts und an den Ziegelhüttenweg grenzt. Wenn das Eis kontinuierlich mehr als 15 Zentimeter dick ist, gibt das Gartenamt grünes Licht für ausschweifende Rutschpartien. Mit etwas Glück schippt das Amt außerdem die Fläche frei. Die Kinder, die hier schlittern, und die Eishockeyspieler danken ihm das sehr – es ist aber auch ein herrliches Vergnügen, auf diesem idyllischen See am Rande des Michelsberger Waldes übers Eis zu gleiten. Da kann etwa die häufig übervolle Eislaufhalle in Haßfurt nicht mithalten.

Im Sommer ist der Spaß hier leider begrenzt. Obwohl eine Steganlage vermuten lassen könnte, dass es sich beim Sylvanersee um einen Badeweiher handelt, ist das Baden hier verboten. Aber: Am Ziegelhüttenweg befindet sich ein kleiner Spielplatz.

Adresse Ziegelhüttenweg 5, 96049 Bamberg // **ÖPNV** Bus 916, Haltestelle Gaustadt Friedhof // **Öffnungszeiten** Informationen zur Freigabe der Bamberger Eisflächen beim Gartenamt unter Tel. 0951/871359 // ab 4 Jahre

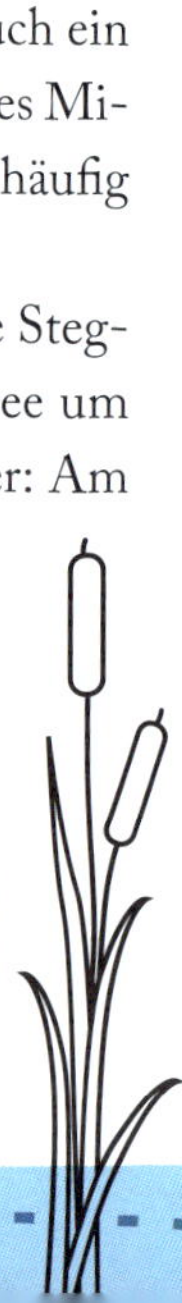

TIPP: Reiten können Pferdefans quasi jeden Alters in der T&T Ranch Gaustadt in der Jungfernleite 62.

22_DER »ERLEBE-BRUDER-WALD«-PFAD

Auf den Spuren von Wolf Lupi

Lupi weist den Weg. Das wölfische Maskottchen des Naturerlebnispfades »Erlebe-Bruder-Wald«, das durch den Bruderwald am Rande Bambergs führt, ist auf den ersten Blick sympathisch und hat mit dem verschlagenen Tier aus dem Märchen »Rotkäppchen« rein gar nichts zu tun. Im Gegenteil, man freut sich immer, wenn man Lupi sieht, denn an ein paar Kreuzungen des insgesamt 20 Stationen und 2,3 Kilometer langen Weges ist nicht eindeutig, wohin die Reise geht. Macht nix, man ist hier ja als Waldforscher unterwegs, da ist eine kleine Verwirrung nur als weitere Herausforderung zu sehen.

Der Startpunkt des Walderlebnispfades liegt in der Nähe des Klinikums an der Wendeschleife der Buger Straße – direkt am Waldeingang. Eine Tafel informiert darüber, welche Aktionen gefragt sind: »Schau mal«, »Spiel mal« und »Denk mal« lauten die Zurufe, auf die die Kinder bei den verschiedenen Stationen reagieren sollen. Und los geht's!

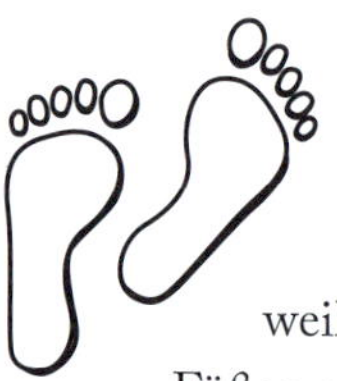

Der Weg von Station zu Station ist nicht weit, langweilig wird es also nicht. Es wird gefühlt – mit nackten Füßen an der Barfußraupe – und gebastelt – ein Bild mit Stöcken und Blättern. In einer Sandgrube gilt es, im Weitsprung gegen Waldtiere anzutreten. Am Pirschpfad entdecken Naturforscher Tiere aus Eisen – wenn sie gut aufpassen. Und wie sieht der Wald eigentlich im Gebiet der Wolfsruhe aus, wo er komplett sich selbst überlassen wird? Überall gibt es Informationen zum Wald, seinen Bewohnern und Inspiration, etwas aus den Fundstücken aus der Natur zu schaffen.

TIPP: Mountainbiker dürfen sich freuen: Durch den Bruderwald führt der abwechslungsreiche Indianerpfad.

Adresse Wendeschleife der Buger Straße, 96049 Bamberg // ÖPNV Bus 918, 937, Haltestelle Am Bruderwald // Öffnungszeiten jederzeit zugänglich // ab 4 Jahre

23_DIE FÄHRE

Alles im Fluss

Bis 1960 hat eine Fußgängerbrücke die Inselstadt mit dem Berggebiet auf Höhe der Schleuse 100 am linken Regnitzarm verbunden. Erst gut ein halbes Jahrhundert später gab es Ersatz dafür: 2012 wurde zwischen Mühlwörth und der Villa Concordia eine Fährverbindung geschaffen. »Chance Jugend« heißt die Fähre, auf der jetzt immer im Sommerhalbjahr bis zu 15 Passagiere über den Fluss transportiert werden – und das hat einen Hintergrund: Das Don-Bosco-Jugendwerk, das den Fährbetrieb organisiert, engagiert neben ehrenamtlichen Fährmännern auch Jugendliche als Tagelöhner, die ihren Platz in der Gesellschaft noch nicht gefunden haben. Letztere sollen durch den Job als Fährpersonal positive Impulse bekommen.

Ihre Passagiere kriegen diese freilich auch. Angenehm entschleunigend ist die Fahrt in ruhigem Tempo vom Mühlwörth bis zum Leinritt. Sie funktioniert ohne Motor. Der Fährmann dreht an einer Kurbel und sorgt dafür, dass das Fahrzeug in verschiedenen Winkeln zur Fließrichtung steht. Ein Kraftakt für die Fährleute ist dies nicht – die Strömung hilft bei der Arbeit, ans gegenüberliegende Ufer zu gelangen.

Der ursprüngliche Plan, statt der Fähre wieder eine Brücke zu installieren, scheiterte übrigens unter anderem deshalb, weil eine solche dem einmalig schönen Stadtbild an dieser Stelle nicht gerecht geworden wäre. Also wird gekurbelt und den Fußgängern und Radfahrern auf diese Weise ein großer Umweg erspart, wenn sie vom Stephansberg zum Hain – oder andersrum – unterwegs sind.

Adresse Mühlwörth, 96047 Bamberg // **ÖPNV** Bus 918, Haltestelle Schillerplatz // **Öffnungszeiten** April–Okt. Di–So 10.30–20.30 Uhr; Tickets: Erwachsene 1 Euro, Kinder (6–18 Jahre) 50 Cent // für jedes Alter

TIPP: Die Schleuse 100 am Mühlwörth ist die letzte der Schleusen des unter König Ludwig I. erbauten Ludwig-Main-Donau-Kanals. Sie ist heute noch für Sportboote und Kanus aktiv, und man kann zusehen, wie sie – handbetrieben – die Weiterfahrt ermöglicht.

24_DAS FEUERWEHRMUSEUM

Kinderort Nummer 112

Eigentlich müsste es in diesem Buch ein 112. Kapitel geben. Da der Verlag jedoch den bestens eingeführten Reihen-Titel »111 Orte« nicht ändern wollte, ist das Kapitel auf dieser Seite den Ziffern 112 gewidmet – der Telefonnummer also, die jeder für alle Notfälle im Kopf haben sollte. Wie solche Notfälle aussehen können und wie ihnen die Bamberger Feuerwehr im Laufe der Geschichte und auch heute noch begegnet, das erfährt man im Bamberger Feuerwehrmuseum. Ansprechpartner ist zu den Öffnungszeiten ein noch aktiver oder ehemaliger Feuerwehrmann.

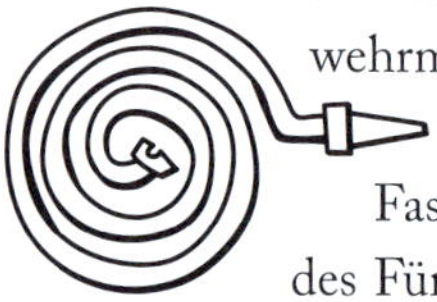

Faszinierend im Museum, das im früheren Jagdzeughaus des Fürstbischofs untergebracht ist, ist etwa das Schaltpult, das ab 1986 für eine »Grüne Welle« auf dem Einsatzweg sorgte: Denn immerhin dürfen nur maximal zehn Minuten vom Notruf bis zum Eintreffen des Rettungsteams vergehen. Inzwischen wurde das früher eine Million D-Mark teure Gerät durch Computer ersetzt.

Beeindruckend sind auch die historischen Einsatzfahrzeuge wie der Leiterwagen mit der Motor-Dreh-Leiter von Magirus (Baujahr 1929), die Dampfspritze aus 1899, Funkgeräte, Hydranten und vieles mehr. Atemschutzgeräte beweisen, dass die Feuerwehrleute nicht erst seit der Corona-Pandemie mit Schutzmasken umgehen müssen. Dass die Amerikaner in Bamberg stationiert waren, wird im Museum ebenfalls verdeutlicht: durch die ausgestellten Schutzanzüge, die an Astronautenuniformen erinnern. Doch auch die Bamberger zeigen hier ihre Chemikalienschutzanzüge, die etwa bei Gefahrgut-Unfällen zum Einsatz kommen.

Adresse Siechenstraße 75, 96052 Bamberg // **ÖPNV** Bus 904, 960, Haltestelle Ottokirche // **Öffnungszeiten** Mai – Okt. jeden 1. So im Monat 10 – 12 Uhr, während der bayerischen Sommerferien jeden So; Eintritt frei // ab 6 Jahre

TIPP: Kinder ab sechs Jahre dürfen bei den Gruppenstunden der Kinderfeuerwehr mitmachen, die jeden zweiten Mittwoch im Monat an wechselnden Orten stattfinden. Dabei wird etwa die »Ständige Wache Bamberg« am Margaretendamm 40 besichtigt (www.feuerwehr-bamberg.de).

25_DER FLÜSTERBOGEN

Geheimbotschaften im Hain

Dass der 1914 errichtete Musikpavillon im Hain mit seinen Säulen, dem Rundbogen, dem Giebel und den beiden Sphingen sehenswert ist, ist jedermann klar. Dass er auch hörenswert ist, dürfte jedoch viele überraschen. Im gewaltigen Rundbogen steckt eine physikalische Besonderheit. Auch wenn seine eigentliche Funktion darin besteht, den Bau zu stabilisieren und gleichzeitig Menschen eintreten zu lassen, kann er noch etwas anderes: Die Konstruktion leitet Schallwellen besonders gut weiter.

Wenn nun jemand auf der einen Seite des Bogens flüstert, am besten direkt an den Stein gerichtet, hört der, der sein Ohr an die andere Seite presst, die Botschaft laut und deutlich. Andere in der Nähe kriegen von diesen geheimen Nachrichten nichts mit. Dieser faszinierende Effekt macht den Bogen im Musikpavillon zu einem Flüsterbogen. Wer das testet, staunt. »Ich dachte, du stehst neben mir, ich hab dich voll laut gehört«, heißt es dann überrascht.

Übrigens darf im Musikpavillon nicht nur geflüstert werden. In den 1920er Jahren fanden hier gepflegte Tanzabende statt, in der Zeit des Naziregimes leider auch NS-Parteikundgebungen – und Ballett und Theater in den 1950ern. Auch heute wird an diesem besonderen Ort gelegentlich Kultur geboten, etwa Theaterstücke, Ausstellungen oder Konzerte.

Wer statt eines Flüsterns auch mal ein Hämmern hört, muss sich nicht wundern: Der Bamberger Bildhauer Adelbert Heil hat sein Atelier im Pavillon errichtet und schafft hier zeitlos schöne Skulpturen.

TIPP: Auf dem Weg vom Musikpavillon zum Botanischen Garten kann man im Sommer und im Herbst prächtige Rundbeete mit Pflanzen in voller Blüte bestaunen.

Adresse Mühlwörth 19a, 96047 Bamberg // **ÖPNV** Bus 930, Haltestelle Bamberg P+R Heinrichsdamm // **Öffnungszeiten** immer zugänglich // ab 3 Jahre

26_ DAS FREILAND-SCHACHFELD

Gehirnjogging im Gaustädter Freibad

Es ist einfach und doch komplex, in die Jahre gekommen und liegt doch immer wieder im Trend – und vielleicht ist das »Spiel der Könige« genau wegen dieser Widersprüche so dauerpopulär. Da geht es ihm wie dem Freibad im Bamberger Stadtteil Gaustadt, das ebenfalls einerseits viele Jahre auf dem Buckel hat – genau genommen besteht es seit 1956 – und andererseits für viele Familien der Hotspot überhaupt ist. Das Freiland-Schachfeld mit seinen großen Figuren passt also genau in seine Umgebung. Zwischen Duschen und Liegewiesen verführt es Bambergs Denksportler im Freibad Gaustadt zur einen oder anderen Partie.

Beim Grübeln über den nächsten Zug haben sie vom Schachbrett aus einen Kaiserblick über das gesamte Freibad, das 50-Meter-Becken mit seinem Sprungturm, das Nichtschwimmerbecken mit seiner Edelstahlrutsche, das Planschbecken mit den lustigen Wasserspielgeräten – und auf den alten Baumbestand, der das Schwimmbad zur Naturoase macht. Doch zugegeben: Beim »Spiel der Könige« geht es hier nicht immer regelkonform ab. Wenn sich eine kleine Bande darüber hermacht, wird eher körperlich als geistig gegeneinander angetreten. Dann greift der Springer den König auch mal an, ohne die korrekte Zugfolge zu beachten – so lange, bis Bademeister, Mamas oder Papas eingreifen. Wenn das alles mal allzu hitzig abläuft, gibt es aber immer eine gute Alternative: den Sprung ins Wasser oder das Lieblingseis vom Schwimmbadkiosk.

TIPP: In der Badstraße oberhalb des Freibads gibt es einige Parkplätze, die ein guter Ausgangspunkt für einen Spaziergang durch den Michelsberger Wald sind.

Adresse Badstraße 17, 96049 Bamberg // ÖPNV Bus 906, Haltestelle Freibad // Öffnungszeiten 10–20 Uhr, nur im Sommer; Eintritt: Erwachsene 4 Euro, Kinder 2,50 Euro // ab 5 Jahre

27_DIE FREILUFT-GALERIE

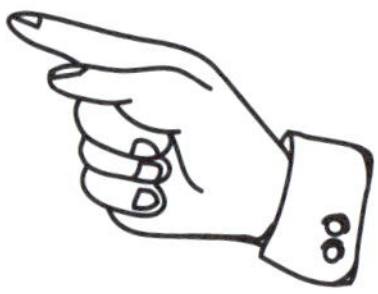

Der Bamberger Reiter als Mosaik

Wer den Fuß- und Radweg »Am Leinritt« von der Markusbrücke in Richtung Gaustadt nimmt, kommt etwa auf Höhe des »Welcome Hotel Residenzschloss« an einer Mauer vorbei, an der mehrere jeweils über einen Quadratmeter große Bilder angebracht sind. Es sind aus vielen Steinchen zusammengesetzte Mosaike mit Bamberger Motiven – und eins ist toller als das andere. Für eine Darstellung der Frisur der beliebten Kinderbuchfigur Sams etwa kamen viele einzelne rote Keramikteilchen zum Einsatz, für den Bamberger Reiter viele steinfarbene.

Zu sehen ist auch ein Bild, das viele verschiedene Eindrücke aus Bamberg wiedergibt und ein Bier, einen Basketball sowie eine Zwiebel als Ode an die Gärtner der Stadt zeigt. Ein anderes stellt den Sternenhimmel über Bamberg dar. Die meisten der Mosaike verschönern den Spaziergang in Richtung Gaustadt bereits seit dem Jahr 2006. Unter dem Motto »Bamberg ist ... – Facetten und Visionen einer Stadt« gestalteten Jugendliche Hand in Hand mit Stadträten die Bilder.

Die Jugendlichen und Politiker dachten damals gemeinsam darüber nach, was ihnen an Bamberg besonders gut oder gar nicht gefällt. Natürlich kamen sie dabei ins Gespräch. Das Sams-Mosaik entstand erst 2012 anlässlich der Aufführung des Theaterstücks »Ein Sams zuviel« der Kindertheater-Bühne »Chapeau Claque«.

Mehr Kultur gefällig? Im nahe gelegenen Kesselhaus (Untere Sandstraße 42) ist regelmäßig zeitgenössische Kunst zu sehen, die oft auch Kinder und Jugendliche interessieren dürfte.

TIPP: Von der nahe gelegenen Markusbrücke aus hat man einen tollen Blick auf das malerische Viertel Klein Venedig.

Adresse Am Leinritt, 96049 Bamberg // **ÖPNV** Bus 906, Haltestelle Konzerthalle // **Öffnungszeiten** immer zugänglich // für jedes Alter

28_ DIE FUCHSENWIESE

Naturerlebnisse mit Indianern und Piraten

Hölzerne Wärter im indianischen Stil bewachen das Eingangstor – und das passt ja: Immerhin gibt's in der Umweltstation Fuchsenwiese entsprechende Abenteuer zu erleben – dann, wenn das Ferienprogramm zum Thema »Als Indianer in der Fuchsenwiesenprärie« angeboten wird. Was die Teilnehmerinnen und Teilnehmer dann treiben? Na, sie lesen Tierspuren, lernen, welche Pflanzen sie essen können, und erfahren vieles über das Leben und Wirken der nordamerikanischen Ureinwohner.

Das Indianerprogramm ist nur eines der vielen Angebote, die der Landesbund für Vogelschutz in seinem »Umweltgarten« Fuchsenwiese veranstaltet, um Kindern, Jugendlichen und auch Erwachsenen einen wertschätzenden Umgang mit der Natur näherzubringen. Das zwei Hektar große Gelände ist ein Mosaik aus vielfältigen Lebensräumen, es gibt hier eine Teichlandschaft, eine Streuobstwiese und wilde Hecken. Kinder erkunden diese als Indianer und Piraten, sie lernen Wissenswertes über Biber und Fledermäuse, beobachten Vögel und erforschen Bienen. Natürlich kreuzen sie auch mal mit dem Floß über den Teich oder brutzeln als hochverdiente Mahlzeit Stockbrot über offenem Lagerfeuer.

Dass diese Abenteuer praktisch mitten in der Stadt stattfinden, umgeben von einem Wohngebiet – das spürt man hier nicht. Die Fuchsenwiese mit ihren vielen Tieren, Pflanzen und Erlebnissen ist Natur pur, und auch das macht das Gelände so wertvoll und einmalig.

Adresse Kreuzung Waizendorfer Straße/Münchner Ring, 96049 Bamberg // ÖPNV Bus 901, 908, 912, 913, 918, Haltestellen Waizendorfer Straße und Paradiesweg // Öffnungszeiten Termine unter www.fuchsenwiese.lbv.de // ab 6 Jahre

TIPP: Wer von der Umweltstation aus den Weg am Teich entlang weitergeht, kommt zu einem herrlichen, weitläufigen Spielplatz.

29_ DER GARTENSTÄDTER MARKT

Eis essen mit Delphinbeobachtung

Nein, echte Delphine gibt es nicht in Bamberg. Aber der Brunnen im Herzen des Bamberger Stadtteils Gartenstadt sorgt für spritzige Wasserspiele mit Delphinskulpturen, die um eine beeindruckende Wasserfontäne zu springen scheinen. Erstaunlich, dass die Tiere so unbeschwert wirken – eines von ihnen wiegt nämlich satte 2.500 Kilo! Jedenfalls: Ein tolles Schauspiel ist das. Wenn man sich dann noch ein Eis vom Lido gegenüber holt und sich auf die Wiese setzt, die großzügig um das Delphinspektakel herum angelegt wurde, erzeugt das beste Urlaubsgefühle.

Hier, am Gartenstädter Markt, pulsiert das Leben. Wer Glück hat, trifft bei der Delphinbeobachtung auch Freunde aus Kindergarten oder Schule, mit denen es sich bestens auf der Wiese toben lässt. Wer kein Eis mag, zieht sich stattdessen einen Kaugummi aus dem nostalgischen Automaten am Platz, und die Eltern holen sich als Parkbanklektüre ein Buch aus dem Bücherschrank. Manche erholen sich hier auch nach dem Shoppen bei Schuhmoden Eichelmann, einem Fachgeschäft für Kinderschuhe an der Hauptsmoorstraße 77, das sich direkt gegenüber dem Brunnen befindet. Inhaberin Vicky Eichelmann ist in der ganzen Stadt für ihre ausführliche Beratung bekannt. Übrigens hat sich bereits die Eltern- und Großeltern-Generation am Gartenstädter Markt erfrischt: Bildhauer Robert Bauer-Haderlein hat den Brunnen im Jahr 1965 geschaffen, seither bildet er den Mittelpunkt des Viertels.

TIPP: Mürbe Hörnla, die bekannten Bamberger Butterhörnchen, gibt es nach Opa Peters Spezialrezept bei der Gartenstädter Bäckerei Loskarn an der Hauptsmoorstraße 73.

Adresse Gartenstädter Markt, 96052 Bamberg // ÖPNV Bus 935, Haltestelle Kunigundenkirche // Öffnungszeiten jederzeit; Brunnen im Winter abgedeckt // für jedes Alter

30_DER GEOCACHE

Bibi & Tina und die Schatzsuche

Eltern reden sich oft den Mund fusselig, wenn sie mit den Kindern spazieren gehen wollen – der Nachwuchs bleibt oft lieber daheim, etwa um auf dem Smartphone zu spielen. Was die Lösung sein kann? Geocaching! Es handelt sich dabei um eine Art Schatzsuche mit Hilfe eines GPS-tauglichen Mobilgeräts – und verbindet das Draußensein mit dem Zocken. Was man dafür braucht, ist eine App fürs Handy, zum Beispiel Geocaching.com, die man in bestimmtem Umfang auch kostenlos nutzen kann.

Die Geocaching-Fangemeinde hat weltweit sogenannte Dosen versteckt, die es über Koordinaten aufzuspüren gilt. Wer eine Dose findet, trägt sich ins darin befindliche Logbuch ein. Natürlich liegen auch in Bamberg Geocaches bereit, um aufgespürt zu werden. Ein besonders schöner, der auch ohne Smartphone und mit Hilfe dieses Buches gefunden werden kann, ist auf dem Gelände des Reitvereins Bamberg angebracht.

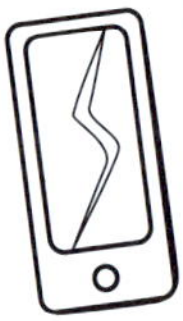

Wer zum dortigen Parkplatz fährt, muss die Bäume des Geländes absuchen – und wird den Schatz schnell entdecken. Gut versteckt ist er in diesem Fall zwar nicht – aber er ist ein herrliches Beispiel dafür, was Geocaching auch sein kann. Die, die den Cache fabriziert haben, haben nämlich eine raffinierte Konstruktion geschaffen. An die Dose mit Logbuch gelangt nur, wer es durch geschicktes Hantieren mit Seilen und Holzstangen schafft, eine Klappe zu öffnen. Der Cache ist einer von 25 »Bibi & Tina«-Caches in Deutschland. Zum 25. Jubiläum der beliebten Kinderserie wurden 25 spezielle Dosen im ganzen Land versteckt.

Adresse Armeestraße 65, 96050 Bamberg // ÖPNV Bus 911, Haltestelle Max-Planck-Straße // Öffnungszeiten immer zugänglich // ab 6 Jahre

TIPP: Auf dem Gelände bietet das Restaurant »Zum Reiterhof« auch eine tolle Kinderkarte an. »Is' mir egal« ist hier der Name fürs Kinderschnitzel, Spätzle mit Soße kriegt, wer »Hab' keinen Hunger« bestellt.

31_DAS GEREUTH-GRAFFITO

Das kunstvolle Wartehäuschen

Lästerer behaupten ja, der beste Ort für Kinder und Jugendliche in der Gereuth sei die Bushaltestelle, um raus aus dem Viertel zu kommen. Für viele hat die Gegend keinen guten Ruf, und ja, es gibt in die Jahre gekommene Wohnblocks, soziale Probleme und überdurchschnittlich viele Arbeitslose. Aber es gibt auch Spielplätze, gute Nachbarschaft und attraktive Einrichtungen. Und die Bushaltestelle, die ist tatsächlich ein guter Ort, denn die Graffitimalereien, die sie schmücken, gehören zu den attraktivsten der Stadt. Ob man nach der Besichtigung dieser coolen Straßenkunst in der Gereuth bleiben oder lieber woandershin fahren will, ist jedem selbst überlassen.

An der einen schmaleren Seite des Wartehäuschens sind ein Mikrofon und ein flammender Basketball zu sehen. Letzterer ist eine Hommage an den erfolgreichen Sport in der Stadt. An der Längsseite im Rücken der Sitzbank ist bunt auf weiß der kunstvolle Schriftzug »Gereuth« angebracht, als Liebeserklärung an das nicht ganz unproblematische Viertel. Die andere schmale Seite zeigt ein Haltestellen-Symbol inklusive der Busnummer 905, der Gereuth-Linie. Auf der längeren Rückseite des Häuschens prangen ein Löwe und ein Krokodil – und vor allem viel bunte Farbe.

Im Jahr 2017 haben Kinder und Jugendliche aus dem Viertel das Werk geschaffen, angeleitet von der Künstlergruppe »Freigeist« und unterstützt durch die Stadtwerke und iSo, einen – in Bamberg sehr aktiven – Verein für innovative Sozialarbeit.

TIPP: Um die Wartezeit auf den nächsten Bus zu verkürzen, kann man sich einen Kaugummi aus dem Automaten neben dem Wartehäuschen ziehen.

Adresse Gereuthstraße 10, 96050 Bamberg // ÖPNV Bus 905, Haltestelle Gereuthstraße // Öffnungszeiten jederzeit // für jedes Alter

32_DIE GONDELFAHRT

Flussabwärts bis nach Klein Venedig

Früher bildeten die Häuschen des Bamberger Viertels Klein Venedig eine geschäftige Fischersiedlung – direkt am östlichen Regnitzufer. Sie, die aus dem 17. Jahrhundert stammen, sind zwar nicht so prächtig wie die Bürgerhäuser und Palazzi im großen Venedig – malerisch und romantisch aber kommen sie auch daher. Was allerdings echt venezianisch ist: die Gondelfahrten vom Alten Kanal unter der Oberen Brücke hindurch bis nach Klein Venedig – oder in Richtung der historischen Schleuse 100 und des Bürgerparks Hain.

Ein geruhsames Vergnügen ist das, und im Gegensatz zum großen Venedig müssen die fränkischen Gondolieri keine waghalsigen Manöver starten, um einem Vaporetto auszuweichen. Sie treffen im Fluss höchstens auf entspannte Kanufahrer, Stand-up-Paddler oder die gemütlichen Ausflugsboote »Christl« und »Stadt Bamberg«. Ansonsten machen die Steuermänner denselben Job wie ihre italienischen Kollegen, tragen gestreifte Pullover und Strohhüte – und schmettern mit viel Glück einen italienischen Gassenhauer. Einen Führerschein Klasse B für Fahrgastschiffe haben sie auch vorzuweisen.

Eine halbe Stunde oder eine Stunde sind sie meist mit ihren Gästen unterwegs. Bis zu sechs Passagiere können die Gondolieri auf den schwarzen Polstern in der elf Meter langen und 600 Kilo schweren Gondel unterbringen – und Kinder dürfen natürlich auch mitfahren.

Adresse Alter Kanal unter der Oberen Brücke, 96047 Bamberg // ÖPNV Bus 916, 938, Haltestelle Am Kranen // Öffnungszeiten nur nach Anmeldung unter Tel. 0951/1206327 oder www.gondelfahrt.info; Kosten: bis zu 6 Personen 60 Euro/30 Minuten, alternativ: Einzelticket Erwachsene 15 Euro, Kinder bis 12 Jahre 7,50 Euro, Tickets bei der Tourist-Info // ab 6 Jahre

TIPP: Auf der Regnitz findet als Höhepunkt jeder Sandkerwa, des beliebten Volksfestes, das Fischerstechen statt. Zwei Teilnehmer aus gegnerischen Mannschaften stehen sich dabei auf Booten gegenüber und versuchen, sich mit einer gepolsterten Lanze in den Fluss zu stoßen. Bester Platz für Zuschauer sind die Untere und die Obere Brücke, die Markusbrücke oder der Leinritt.

33_DER HAIN-SPIELPLATZ

Seilbahn durch den Vorgarten der Nobelvillen

Prächtige Villen säumen die Bamberger Hainstraße – und ein großartiger Spielplatz. Dass die Prunkbauten so harmonisch nebeneinanderstehen, liegt an den 1862 erlassenen Gestaltungsrichtlinien der Stadt. Diese forderten, dass sich die Häuser mittig auf den Grundstücken, vier Meter hinter der Straßenlinie, befinden und aus zwei Stockwerken mit Dachgeschoss bestehen sollten. Der Übergang vom Spätklassizismus zur Neorenaissance und zum Neobarock lässt sich gut an den edlen Häusern ablesen.

Dass sich der Spielplatz trotz der vornehmen Umgebung so wunderbar für Matsch- und Abenteuerspiele eignet, liegt an den zahllosen, bestens funktionierenden Spielgeräten und der Weite der Bayerleinswiese, auf der sich der Spielplatz befindet. Tipp: Von der rasanten Seilbahn aus, die quer über die Wiese und somit quasi durch die Vorgärten der Nobelvillen verläuft, hat man einen super Blick auf ebenjene.

Der Spielplatz gehört zu den meistbesuchten der Stadt. Mit dem großen Erba-Spielplatz dürfte er um den Titel des Lokalmatadors konkurrieren. Hier, zwischen der genannten Nobel-Straße und dem Hain-Park, ist es angenehm schattig und weitläufig. Es gibt Schaukeln und Wippen für große und kleine Kinder, eine Wasserpumpe für Matsch-Spiele, diverse Klettermöglichkeiten und eine Rutsche. Obendrein eine runde Team-Tischtennisplatte für Rundlauf-Turniere, ein Stufenreck für anstrengende Übungen und einen Streetball- und Bolzplatz. Für kleines Geld kann gleich nebenan auch eine Runde Minigolf gespielt werden.

TIPP: Wenn im Sommer der Eiswagen am Spielplatz hält, ist es gut, wenn die Familien ein paar Euro dabeihaben.

Adresse Hainstraße, 96047 Bamberg //
ÖPNV Bus 912, Haltestelle Schillerplatz //
Öffnungszeiten immer zugänglich // ab 0 Jahre

34_DAS HISTORISCHE MUSEUM

Ausflug in die Geschichte Bambergs

Eine Naturkatastrophe suchte Bamberg 1784 heim. Verheerendes Hochwasser riss viele Menschen in den Tod – und zerstörte die prachtvolle Seesbrücke, ein Meisterwerk im Rokokostil. Der spektakuläre Figurenschmuck sank auf den Grund der Regnitz. Im Zuge der Errichtung des Main-Donau-Kanals barg man 1961 Fragmente der Georgsskulptur, des Hauptwerks in der Brückenmitte. Vom Kopf abgesehen sind die wichtigsten Teile des Heiligen nun im Historischen Museum zu sehen – neben anderen Fluss-Fundstücken aus Holz, Steinen und Keramik.

Das Historische Museum in der Alten Hofhaltung macht das frühere Bamberg quer durch die Jahrhunderte lebendig. Die Dauerausstellung »Im Fluss der Geschichte. Bambergs Lebensader Regnitz« zeigt – teilweise multimedial aufbereitet – das Leben, die Architektur, die Kunstwerke und den Verlauf des Wassers in der Stadt von der Vorgeschichte bis heute. Besonders spannend für Kinder dürfte etwa der Schwarz-Weiß-Film aus den 50er Jahren über das frühere Schwimmbad »Luftä« am Kunigundendamm sein. In der Abteilung »Kumpf & Co.« sind Geräte und Gefäße aus der Steinzeit in einer zeitgenössischen Küche aufgebaut. Obendrein gibt es eine Gemäldegalerie mit Werken von Lucas Cranach, Pieter Breughel und Otto Modersohn. In den Boxen eines echten Pferdestalls, dem historischen Marstall der Bamberger Fürstbischöfe, sind wechselnde Sonder- und zu Weihnachten Krippenausstellungen zu sehen.

Kinder spazieren mit einem Forscherbogen durchs Museum. Wer Fragen richtig beantwortet, wird belohnt.

Adresse Domplatz 7, 96049 Bamberg // ÖPNV Bus 910, Haltestelle Domplatz // Öffnungszeiten April–Nov. Di–So 10–17 Uhr; Eintritt: Erwachsene 7 Euro, Schüler 1 Euro, Familien 14 Euro // ab 6 Jahre

TIPP: Wer von der Hofhaltung in Richtung Dom geht, sieht eine Glasplatte auf dem Boden. Diese deckt die »Säule« von Micha Ullmann ab, die durch einen in Form eines Hauses ausgehöhlten Granit in die Erde gelassen ist. Hier befand sich einst der »Nabel der Welt«, eine Säule mit einer Figur, die im Volksmund »Tattermann« hieß.

35_DER HOCHSEILGARTEN

Auf dem Catwalk zum freien Fall

»Kennst du den Fahrstuhl?«, fragt der Trainer im Hochseilgarten, als das Mädchen in acht Meter Höhe auf einem Balken balanciert. Sie grinst – und befindet sich statt einer Antwort Sekunden später im freien Fall. Drei Meter weiter unten wird sie durch ein Sicherungsseil gehalten. Sie japst vor Vergnügen. Bei solchen Stunts ist es kein Wunder, dass die Zeit im Bamberger Hochseilgarten für abenteuerlustige Klettermaxen buchstäblich wie im Flug vergeht.

Kurz vor dem Fall ist das Mädchen, das wieder festen Boden unter den Füßen hat, auf einem Catwalk in luftiger Höhe entlanggeschritten, hat Podeste auf bis zu zwölf Meter Höhe erklommen und ist auf einem Trapez durch die Lüfte geflogen. Hier, am Hochseilgarten auf dem Gelände des Don Bosco Jugendwerks St. Josefsheim, holen sich Kinder und Jugendliche auf insgesamt 21 verschiedenen Stationen Adrenalinkicks und schärfen den Teamgeist.

Ein ernsthafter Unfall ist auf den Rampen, Seilen und Brettern noch nie passiert. Dank der Briefings der Trainer, angelegter Sicherungsseile und Helme sowie einer bewährten Back-up-Kette sollte das auch so bleiben. Genutzt werden kann der Hochseilgarten nicht von privaten Einzelpersonen, sondern nur im Rahmen von speziellen Aktionen, zum Beispiel beim Ferienprogramm der Stadt, oder als Gruppe, etwa bei Geburtstagsfeiern oder Schulausflügen. Das ist sinnvoll, zumal es laut Konzept um gemeinsame Erlebnisse geht: Viele Übungen sind im Hochseilgarten so angelegt, dass sie nur Hand in Hand zu schaffen sind.

Adresse Jakobsplatz 15, 96049 Bamberg // ÖPNV Bus 910, Haltestelle Torschuster // Öffnungszeiten nach Vereinbarung; Infos und Preise unter www.hochseilgarten-bamberg.de // im Niedrigseilbereich ab 6 Jahre, im Hochseilbereich ab 8 Jahre

TIPP: In unmittelbarer Nähe verläuft der Teufelsgraben, und ein paar Ecken weiter ist ein Gässchen namens »Hölle« zu finden, in das wiederum die Untere Seelgasse mündet. Himmlisch ist es hier wie dort – und ruhig, trotz der Nähe zur Innenstadt.

36_DIE HOFSTADT-GÄRTNEREI

Von Bienchen und Blümchen

Wenn man von der Heiliggrabstraße aus durch das kleine Ladengeschäft der Hofstadt-Gärtnerei geht, gelangt man auf ein 4.000 Quadratmeter großes, historisch anmutendes Gärtnereigelände. Die Zeit scheint hier stillzustehen – und tatsächlich ist die Anlage seit 1876 im Wesentlichen unverändert. Das Gelände ist von alten Mauern umgeben, man kann beobachten, wie die Mitarbeiter ihre Aufgaben per Hand verrichten, denn elektronische Geräte gibt es hier nicht. Sie gießen per Schlauch, ziehen die Pflänzchen im alten Treibhaus vor – und Chefin Carmen Dechant packt für ihre Kunden Gewürze in Holzkisten ein. Wie viele andere Gärtnerinnen und Gärtner in der Stadt halten auch die Dechants die jahrhundertealte Gärtnertradition Bambergs wach. Die Termine, nach denen sich hier alle richten, stehen allein im Mondkalender.

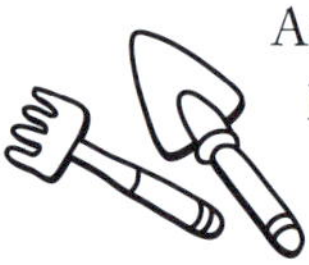

Kinder dürfen das Freigelände erkunden und an Kräutern schnuppern, dem Gemüse beim Wachsen zusehen und Blumen bewundern. Was am Wegesrand blüht, dürfen sie kosten – etwa ein paar Erdbeeren oder Pfefferminzblätter. Die Katze, die hier daheim ist, dürfen sie streicheln. Was die Eltern beeindruckt, ist nicht nur die Vielfalt und Pracht all dessen, was blüht und gedeiht, sondern auch der grandiose Ausblick auf die Ottokirche.

Es lohnt sich, bis zum südlichen Ende des Geländes zu laufen: Dort ist das Treiben glücklicher Bienen rund um einen Bienenstock zu beobachten. Die fleißigen Arbeiterinnen dürften sich ebenfalls über das vielfältige Angebot der Gärtnerei freuen.

TIPP: In der Gärtnerei Böhmerwiese findet kurz vor der Vorweihnachtszeit gemeinsames Adventskranzbinden statt, bei dem auch Kinder ab zehn Jahre mitmachen können.

Adresse Heiliggrabstraße 37a, 96052 Bamberg // ÖPNV Bus 901, 902, Haltestelle Heiliggrabstraße // Öffnungszeiten April – Sept. Mo – Sa 10 – 13 und 15 – 18 Uhr, Okt. – März 10 – 17 Uhr // für jedes Alter

37_DIE HÜPFSTEINE

Jump and Run am Fuße des Monopteros

Vermutlich gibt es nur wenige Bamberger Kinder, die noch nicht ins Wasser gefallen sind, als sie über die Betonwürfel zu Füßen des Monopteros im Hain-Park gehüpft sind. Es macht aber auch Spaß, dort herumzutoben – da wird man auch mal leichtsinnig. Macht aber nix, es ist ja nicht tief – da kann es mit dem feuchtfröhlichen Vergnügen gleich weitergehen.

Die Hüpfsteine stehen hier seit 1973. Der verantwortliche Architekt Bernhard Winkler hat sie in eine neu geschaffene, zeitgenössische Landschaft aus Wasser, Beton und Naturstein integriert, um den Hain-Park unter der neuen Brücke des Münchner Rings zu verschönern. Ein schwacher Trost war das damals, zumal die Straße das Idyll, das rund um den Monopteros herrschte, grob durchkreuzte.

Der Monopteros selbst war einer der ersten Bauten im Park, in dem auch Denkmäler, Tempel und Pavillons zu finden sind. 1804 wurde er aufgestellt. Damals wollte man nach dem Vorbild des Englischen Gartens in München ein begehbares Landschaftsgemälde schaffen, in dem immer wieder malerische Szenen zu entdecken sein sollten. Weil wenig Geld zur Verfügung stand, wurde kein neuer Monopteros gebaut, sondern kurzerhand einer aus dem Park von Schloss Seehof geholt. Jetzt steht er da, in voller Pracht, an der Grenze der Parkbereiche Theresien- und Luisenhain, ist ein beliebter Treffpunkt und auch von den Hüpfsteinen aus über Steinstufen erreichbar.

TIPP: Wer vom Monopteros stadtauswärts in den Luisenhain spaziert, entdeckt zur rechten Seite der Schillerwiese das steinerne Bild eines Herrn und eines Hundes. Es stellt E.T.A. Hoffmann und den sprechenden Hund Berganza dar, den der Dichter literarisch verewigt hat und eines Nachts im Hain getroffen haben soll.

Adresse Hainpark, direkt unter dem Münchner Ring, 96047 Bamberg // **ÖPNV** Bus 912, Haltestelle Schillerplatz // **Öffnungszeiten** immer zugänglich // ab 4 Jahre

38_DER KANALDECKEL-WEG

Kunst, mit Füßen getreten

Was die Literatur des Dichters E.T.A. Hoffmann mit ordinären Gullydeckeln zu tun hat? Um sich der Antwort Schritt für Schritt zu nähern, lohnt es sich, am Hain am Oberen Leinritt von der Buger Spitze bis zur Villa Concordia zu spazieren, den weniger bevölkerten Uferweg entlang.

Dabei wiederum sollte man nach unten schauen – denn sonst wird die Kunst mit Füßen getreten. Die zig Kanalabdeckungen, die hier entlang des Weges bestiegen werden können, sind mit Protagonisten aus den Werken Hoffmanns verziert. Seit 2008 wurden die früheren, herkömmlichen Gullydeckel Stück für Stück durch kunstvolle Bronzereliefs aus der Hand der Künstlerin Lore Götz ersetzt.

Hier trifft man daher etwa den Hund Berganza, den Nussknacker, Kater Murr und das Apfelweibla, das ursprünglich ein Messing-Türknopf in Gestalt einer älteren Frau war. Bei Letzterer musste die Künstlerin nachbessern: Sie hatte die Nase zunächst zu ausgeprägt geformt – und ein kräftiges Organ geschaffen, über das Fußgänger hätten stolpern können. Natürlich wäre das zu riskant gewesen – Plattmachen war also angesagt.

Weil die Motive weitgehend sehr niedlich aussehen, freuen sich auch Kinder ganz ohne Literaturkenntnisse über die einzigartigen Reliefs. E.T.A. Hoffmann spazierte während seiner Bamberger Zeit übrigens selbst gern durch den Hain – auch wenn es damals noch keine so prächtigen Gullydeckel gegeben hat. Sein Ziel war häufig ein Wirtshaus in Bug, in dem er die gesellige Atmosphäre schätzte.

Adresse Oberer Leinritt, 96049 Bamberg // **ÖPNV** Bus 918, Haltestelle Bamberg Rodelbahn // für jedes Alter

TIPP: Am Oberen Leinritt 70 gibt es direkt am Regnitzufer eine Minigolf- und Pit-Pat-Anlage.

39_DIE KASTANIENWIESE

Herbstliche (Ver-)Sammelstelle

Kastanienwiesen gibt es einige in der Stadt, und das ist gut so. Denn im Herbst, wenn kein Freibad mehr offen hat und noch kein Schnee in Sicht ist, ist es eine tolle Beschäftigung, vom Boden Bastelutensilien aufzuklauben, um später daheim Kastanienigel, -mäuse, -kränze und weiß der Geier was sonst noch zu fabrizieren. Der Wilhelmsplatz, der von repräsentativen Gebäuden wie dem Justizgebäude und der früheren Oberpostdirektion umgeben ist, verwandelt sich im Herbst von einem für Kinder den Rest des Jahres über eher langweiligen Ort in eine herrliche Sammelmeile. Vor allem im Oktober ist viel zu finden.

Die Beute liegt dann wild verstreut auf der von ehrwürdigen Kastanienbäumen umgebenen Grünfläche, die sonst nach »Betreten verboten!« aussieht, genau wie das streng gepflegte Blumenarrangement auf der Wiese wie »Nicht pflücken, sonst geht's zum Gericht!« wirkt. Zur kunterbunten Kastanienzeit aber ist es anders, dann stecken die Sammler ihre Fundstücke in die Hosen- und Jackentaschen, bis jene ziemlich ausgebeult sind.

Ist der Wilhelmsplatz irgendwann leer geräumt, kann man sein Sammlerglück auch an der Wiese an der Weberei der Erba-Insel versuchen, am Kunigundendamm bei der Erlöserkirche, in der Amalienstraße oder im Park von Schloss Seehof in Memmelsdorf.

Wo Kastanienwiesen sind, sind auch herrliche Laubhaufen nicht weit, sofern jene nicht von ohrenbetäubenden Laubsaugern verhindert wurden. Ein großer Spaß ist es, mit Karacho hineinzuspringen!

TIPP: Beim Kastaniensammeln war's zu kalt? Das türkische Restaurant Efendi an der Urbanstraße 18 bietet viele Köstlichkeiten für was Warmes im Magen.

Adresse Wilhelmsplatz, 96047 Bamberg // ÖPNV Bus 905, 920, Haltestelle Wilhelmsplatz // ab 2 Jahre

40_DAS KERAMIKMALSTUDIO

Bunt auf weiß und kreativ

Die luftigen Räume des Keramikmalstudios verbreiten eine lockere, künstlerische Atmosphäre. Überall stehen unterschiedliche Stühle oder Sofas an Tischen mit Pinseln, Farben und Schüsseln, Tassen oder kleinen Skulpturen. Inhaberin Alexa Bruckner begrüßt ihre Kunden freundlich, erklärt, wie alles in ihrem »Color-me-Keramikmalstudio« funktioniert – und dann ist man selbst an der Reihe. Hier kann man Keramik-Rohlinge verzieren, die anschließend rund zwei Tage bei über 1.000 Grad gebrannt werden, um das Kunstwerk haltbar zu machen.

Aus weißen Keramikformen suchen sich die Kunden ihre Favoriten aus. Das können »vernünftige« Dinge sein wie Müslischalen, Tassen oder Teller. Oder lustige oder tierische wie Drachen, Einhörner und Geckos. Ostern hat Alexa Bruckner Osterhasen im Angebot, im Advent Wichtel. Wer einen Rohling gewählt hat, braucht noch Keramikfarben – und los geht's: Jetzt gilt es, die neue Lieblingstasse oder die kauzige Eule individuell zu bemalen. Wer mag, kann auch die Fuß- oder Handabdrücke seines Sprösslings auf Keramik verewigen. Fertig? Dann kommt das Werk in die Warteschlange für den Brennofen. Etwa eine Woche später kann es abgeholt werden.

Das Angebot im Studio ist niedrigschwellig, und jeder kann innerhalb der Öffnungszeiten kommen. Wer sicherstellen will, dass dann auch ein Platz frei ist, reserviert allerdings besser. Zu Alexa Bruckners Kunden gehören Familien genauso wie Erwachsene; es ist auch möglich, im Keramikmalstudio den Kindergeburtstag zu feiern.

TIPP: In der Kleberstraße gibt es auch zwei tolle Spielwarenläden: das »Mauerblümchen« in Nummer 27 und »Holzspielzeug Toeppner« in Nummer 13.

Adresse Kleberstraße 25, 96047 Bamberg, Tel. 0951/91417799, www.colorme-keramikmalstudio.de // ÖPNV alle Linien, Haltestelle ZOB // Öffnungszeiten Do 14–18 Uhr, Fr 14–18 Uhr, Sa 12–16 Uhr; Kosten: Rohlinge ab 4 Euro plus 6 Euro/Stunde für die Nutzung des Studios inkl. Farben, Werkzeug, Beratung und Brennen // ab 9 Jahre

41_DIE KICKERBOX

Das Runde muss in das Eckige

Ist man hier richtig, im unübersichtlichen Areal an der Jäckstraße 35, auf dem sich Lagerhallen und Büros befinden? An der Längsseite von Gebäude A geht es über eine Außentreppe eine Etage hinauf. Wer oben die Tür öffnet, merkt als begeisterter Tischfußball-Spieler endlich, dass er tatsächlich am richtigen Ort ist: Sechs gepflegte Kickertische stehen im freundlichen Raum der KickerBox für hitzige Turniere bereit. Wer mag, bekommt vor dem ersten Match Pfirsich-Eistee oder heiße Schokolade gereicht. Dann geht es los: Die Spieler treten entweder in einem Turnier gegeneinander an; eine Software fungiert dabei als Schiedsrichter. Oder die Fußballer zählen einfach selbst, wer wie viele Tore schießt und kassiert.

Dies ist ein großer Spaß, und daher kommen Kinder und Jugendliche hierher, um Geburtstag zu feiern, mit der Klasse am Wandertag oder einfach so. Wichtig ist, sich vorher anzumelden. Die Stundenmiete für den Raum inklusive aller Tische, des Einweisungs-Personals und der Software kostet 50 Euro. Inhaberin Josefine Heber empfiehlt die Buchung für Gruppen von mindestens sechs Kindern, damit lustige Turniere zustande kommen – und sie rät, erst ab einem Alter von etwa zehn Jahren zu kickern. »Dann schauen die Kinder im Normalfall gut über die Stange.«

Beim Spiel zeigt sich dann auch, dass die etwas abseitige Lage der KickerBox perfekt ist: Nun feuern sich die Tischkickerfreunde an, sie jubeln und leiden, wie es beim Fußball üblich ist, und niemanden stört es.

Adresse Jäckstraße 35, 96052 Bamberg, www.kickerboxbamberg.jimdofree.com // **ÖPNV** Bus 904, Haltestelle Aussegnungshalle // **Öffnungszeiten** nach Vereinbarung unter Tel. 0151/17856746 // ab 10 Jahre

TIPP: Ebenfalls an der Jäckstraße 35 bietet die Tanzschule Dance Steps Kindertanz und -ballett an.

42_DER KINDERFLOHMARKT

Florierende Geschäfte auf der Unteren Brücke

In der Stadt und drumherum finden – vor allem im Frühjahr und Herbst – zahllose Flohmärkte für Kindersachen statt. Viele Kindergärten und auch Geschäfte wie das Einkaufszentrum Ertl in Hallstadt oder das Autohaus Ullein organisieren regelmäßig Basare. Eltern freuen sich, wenn sie etwas Geld mit den gebrauchten Kinderklamotten, die nicht mehr passen, verdienen, und das Spielzeug, das dem eigenen Nachwuchs inzwischen zu kindisch ist, verkaufen können. Die Käufer wiederum sind begeistert, wenn sich ein Schnäppchen auftut. Der Kinder- und Jugendflohmarkt der Stadt an der Unteren Brücke ist in der Reihe der Flohmarkt-Events in und um Bamberg eine Besonderheit: Hier sind es die Kinder und Jugendlichen selbst, die einen Verkaufsstand betreiben.

Zwischen April und Oktober breiten Sieben- bis 17-Jährige einmal im Monat samstagmorgens ihre gut erhaltenen Spielsachen, Bücher und Spielzeugfahrzeuge auf Decken aus und beweisen sich im Handeln und Verkaufen. Das ist lustig – und als toller Nebeneffekt ist hinterher das Taschengeld aufgestockt.

Wer mitmachen will, holt sich am Donnerstag vor dem Flohmarkt-Termin einen Berechtigungsschein im Rathaus am ZOB – und zwar kostenlos. Achtung: Die Flohmarktverkäufer brauchen hierzu eine unterschriebene Erklärung der Eltern, die vorab auf der Seite der Stadt Bamberg heruntergeladen werden kann. Wer auf der Internetseite der Stadt den Begriff »Flohmarkt« in die Suchmaske eingibt, findet den Vordruck und die Termine sowie die Regeln für den Flohmarkt-Event.

TIPP: Einen Teil des eingenommenen Geldes könnte man sogleich in Eis von Riffelmacher (Obere Brücke 12) investieren. Dort gibt's neben klassischen Sorten auch Pflaumen-, Lavendel- und Chili-Trüffel-Eis.

Adresse Untere Brücke, 96047 Bamberg // ÖPNV Bus 916, 938, Haltestelle Am Kranen // Öffnungszeiten Termine unter www.stadt-bamberg.de // ab 7 Jahre

43_DIE KINDERUNI

Studieren für Anfänger

Glauben alle an denselben Gott? Wie lebten Elefanten im Mittelalter? Wie läuft die Schule im Kongo ab? Wie findet man sichere Passwörter, die man sich auch merken kann? Diese und viele weitere Fragen werden in der Kinderuni Bamberg beantwortet. Jedes Semester gibt es Veranstaltungen speziell für Neun- bis Zwölfjährige, in denen wechselnde Professorinnen und Professoren Spannendes aus der Wissenschaft erklären und die Kinder dazu animieren, bisher unbekannte Themen zu erforschen. Die 60-minütigen Kindervorlesungen sind ein kostenloses Angebot der Uni Bamberg.

Fasziniert lauschen die rund 80 Kinder im Hörsaal an der Universität 7, was der Dozent erzählt. Und dann ist es wieder kein bisschen still, denn in der Kinderuni findet jede Menge Interaktion statt. Es gibt je nach Thema Experimente, Gruppenarbeit, Diskussion. Und nicht nur die Themen, die die Kinder erforschen, sind aufregend – auch das Ambiente der ehrwürdigen Universität ist es. Mit Uni-Luft in der Nase fühlt man sich an der Seite von zig Kinder-Kommilitonen gleich ein Stück erwachsener.

Auch für die Professoren dürfte es eine gute Erfahrung sein, mal nicht vor Studierenden, sondern vor Kindern zu sprechen – und sich zu überlegen, wie sie das kritische, neugierige und erbarmungslos ehrliche Publikum zufriedenstellen. Heraus kommen Veranstaltungen, die manch älterem Studenten auch bestens gefallen würden. Und wer weiß? Vielleicht nähert sich der eine oder andere Nachwuchsstudent dabei auch der Frage, welchen Beruf er später erlernen möchte.

TIPP: Wenn nach der Kinderuni der Kopf brummt, gibt es im nahe gelegenen, ruhigen Innenhof der St.-Martins-Kirche Entspannung. Beeindruckend ist hier der riesige Schwarznussbaum, der wahrscheinlich schon über 250 Jahre alt ist.

Adresse An der Universität 7, 96047 Bamberg // ÖPNV Bus 904, 906, 910, 916, Haltestelle Am Kranen // Öffnungszeiten Termine unter www.uni-bamberg.de/events/kinderuni // 9 – 12 Jahre

44_DER KIOSK KUNNI

Hurra, hurra, der Pumuckl ist da!

Einen Muffin auf die Hand und in die andere eine kalte Limo. Oder: eine gemischte Tüte mit Pfirsichringen, sauren Schlangen und Schaumerdbeeren und als Getränk Kinderpunsch. Oder Pommes mit Ketchup, Mayo oder Knoblauch-Minz-Dip, dazu vegane Currywurst. Und im Winter eine warme Suppe, die man eingemuckelt unterm Dach genießen kann. Der Kiosk Kunni umsorgt seine Besucher, die hier, zum Häuschen am Adenauerufer, häufig in Scharen antanzen. Wer Glück hat, kriegt einen Platz in einem der Hängesessel, und auf den Bierbänken und Stühlen ist es ebenfalls gemütlich.

Etwas auf die Hand oder eine Leckerei für die kleine Pause gibt's hier immer, und meistens müssen und dürfen es sich gerade die Eltern auch länger bequem machen. Direkt ans Kunni-Gelände grenzt ein Spielplatz mit Wasserpumpe und Klettermöglichkeiten, Rutsche und Wipptieren. Die Kinder gehen von hier nicht so schnell wieder weg. Macht aber nichts, denn die Großen entspannen wunderbar, mit Blick auf den Fluss. Dabei lassen sie sich die Sonne auf den Pelz brennen. Der Kiosk Kunni ist Kult, quer durch die Generationen, für die Wunderburger ist er ein Wohnzimmer im Freien und für Passanten und Radfahrer ein herrlicher Ort für eine Rast.

Einen Graffiti-Pumuckl gibt's übrigens auch: Im Jahr 2020 brachte ein anonymer Graffiti-Maler den Kobold an verschiedenen Ecken der Stadt an, unter anderem an einem Mäuerchen des Kunni-Blumenbeets. Die Pächter haben die Sprüherei gut aufgenommen, daher kann der Kobold bleiben.

Adresse Kunigundendamm 67, 96050 Bamberg, www.kiosk-kunni.de // ÖPNV Bus 905, Haltestelle Wunderburg // Öffnungszeiten 10–22.30 Uhr, in der Wintersaison kürzer // für jedes Alter

TIPP: Mit schönem Blick auf die Kirche und auf den kleinen Platz davor gibt's in der Eisdiele Wunderburg in der Wunderburg 1 bestes Eis zum Mitnehmen.

45_DER KLEINE SAMSSPIELPLATZ

Von Schaukel-Woks und blauen Bergen

Auf dem großen Erba-Spielplatz am Birkenhain sind kleinere Geschwisterkinder oft nicht so glücklich, weil sie nicht auf den Kletterturm kommen und nicht allein zum Wasserspielplatz dürfen. Für sie gibt es wenige hundert Meter entfernt einen geeigneteren Spielplatz, mitten in der Kleingartenkolonie, etwas versteckt hinter der Pyramidenwiese in Richtung Inselspitze. Wie es sich für einen Spielplatz, der einmal mehr der Kinderbuchfigur Sams gewidmet ist, gehört, befinden sich hier als Bodenbelag weiche, überdimensionierte blaue Wunschpunkte, wie sie in klein auch auf der Nase des Kinderbuchhelden zu sehen sind.

Auf einer dieser Wunschpunkt-Flächen befindet sich ein großer, runder Sandkasten. Kinder lieben es, an seinem Rand im Kreis zu balancieren. Ein anderer Wunschpunkt wölbt sich nach oben und bildet einen blauen Hügel, den es sich bestens runterrutschen lässt. Am Fuß des Hügels kugeln Kinder in metallenen Schaukel-Woks lustig herum. Weitere zwei Wunschpunkte fungieren als Stellplatz für eine Wunschmaschine mit Trichter. Beides kann zum Klettern und als Höhle genutzt werden. Außerdem gibt es eine Netz-Hängematte und eine bekletterbare Wand, an der auch der freundliche Herr Taschenbier sitzt, eine hölzerne, lebensgroße Version vom »Papa« des Sams.

Das Spielplatz-Ensemble bietet aufgrund des vielen Blau einen spacig-phantasievollen Anblick – cool hier! Spaß macht es übrigens auch, von hier aus durch die umgebende Kleingartenkolonie zu spazieren und die Gartenzwerge, Fußballfahnen und Pflanzen hinter den Zäunen zu bewundern.

TIPP: Am Ochsenanger befindet sich ein Spielplatz mit genialen Klettermöglichkeiten!

Adresse Kleingartenanlage Erba-Insel, 96047 Bamberg // ÖPNV Bus 906, Haltestelle H.-Semlinger-Straße // für jedes Alter

46_DIE KNEIPP-ANLAGE

Ins kalte Wasser springen

Wassertreten nach der Lehre von Sebastian Kneipp soll sich bestens auf den Körper auswirken. Unter der Voraussetzung, dass man es regelmäßig macht, kann es das Immunsystem stärken. Kneippen regt die Durchblutung an, den Kreislauf, das Nervensystem und den Stoffwechsel. Aber ist das auch schon was für Kinder, fragt sich der Bamberger, wenn er den Fußweg vom Fünferlessteg in Richtung Konzerthalle marschiert und an einer flachen Stelle am Ufer der Regnitz eine Kneipp-Anlage entdeckt.

Ihm sei gesagt: Ja, unbedingt! Auch und gerade die Kleinsten profitieren von immunsystemstärkenden Anwendungen, um Erkältungen und anderen Krankheiten vorzubeugen. Und gerade hier, in einer Kneipp-Anlage mitten in der Stadt, macht es auch noch richtig viel Spaß, durchs Flusswasser zu waten. Mit Sanatoriumsbetrieb hat der wunderschöne Uferweg, an dem die Anlage liegt, wirklich nichts zu tun. Und wer sich am Geländer festhält, minimiert das Risiko auszurutschen.

Für kneippende Kinder unter vier Jahren sollte das Wasser übrigens nicht klirrend kalt sein. Kühl ist die Regnitz allerdings sowieso allerweil, daher muss man zum Wasserstapfen wahrlich nicht auf die kalte Jahreszeit warten. Die Füße sollten vor dem Kneippgang jedoch warm sein – und mit jedem Schritt aus dem Wasser gehoben werden. Das sieht lustig und nach Storch aus – und macht das Ganze umso unterhaltsamer.

Anderes Geflügel kann den Wasserstapfern übrigens Gesellschaft leisten: Hier lassen sich gerne Enten, Gänse und Schwäne blicken.

TIPP: Es lohnt sich, am Uferweg nach Biberspuren Ausschau zu halten, etwa nach abgenagten Baumrinden. Mit ganz viel Glück bekommt man sogar eines der beeindruckend großen Tiere zu sehen.

Adresse am Uferweg zwischen Fünferlessteg und Konzerthalle, 96047 Bamberg // **ÖPNV** Bus 906, Haltestelle Spinnerei // **Öffnungszeiten** immer zugänglich // ab 6 Jahre

47_DAS KOPFSTEINPFLASTER

Blühende Steine um Kloster Michelsberg

Wer auf einem Rad oder in einem Auto sitzt, das gerade über Kopfsteinpflaster fährt, und dabei die Stimme vibrieren lässt, hat Spaß: »Aaaahaaahhaaaah«, klingt es da oft, und irgendjemand lacht immer darüber. In Bamberg gibt es viele Gelegenheiten, diesen Schabernack mit der Stimme zu treiben, denn gerade in der Altstadt liegt jede Menge jahrhundertealtes Kopfsteinpflaster. Auf dem Gelände rund um das Kloster Michelsberg darf man mit dem Auto zwar höchstens bis zum Parkplatz fahren, dafür sind in der Anlage aber viele weitere Kopfsteinpflaster-Erlebnisse geboten. Denn: Das Pflaster blüht hier.

Aus den Rillen zwischen den einzelnen Steinen schießen Pflanzen heraus, dass es eine wahre Freude ist. Hier blühen Löwenzahn, Breitwegerich, Niederliegendes Mastkraut, Vogelknöterich, Kahles Bruchkraut. Manche dieser Pflanzen halten ziemlich viel aus: Tritte, Temperaturschwankungen, Wassermangel … Das Pflaster zerstören sie nicht. Im Gegenteil: Sie verschönern es sogar, oder?

Die Wildnis zwischen den Rillen ist denen, die einen Blick dafür haben, wertvoll, und so bildet der hiesige »Überlebenskünstler Pflasterfugenvegetation« die erste von insgesamt zwölf Stationen des Stadtökologischen Lehrpfades, den die Stadt in Kooperation mit dem Landesbund für Vogelschutz geschaffen hat. Der Weg reicht von hier aus insgesamt drei Kilometer bis hinauf zur Altenburg und richtet den Blick auf wilde Natur innerhalb der Stadt.

TIPP: Wer vom Haupttor aus auf die Klosterkirche zugeht, entdeckt rechts in einem Beet den sogenannten »Bibelgarten« mit rund 50 Pflanzen, die in verschiedenen Stellen der Bibel erwähnt sind. Ein Schild erklärt, um welche Pflanzen es sich handelt, es wachsen Granatäpfel, Feigen, Äpfel und Myrte.

Adresse Michelsberg 10f, 96049 Bamberg, www.lehrpfad-bamberg.de // ÖPNV Bus 910, Haltestelle Michelsberg // Öffnungszeiten immer zugänglich // ab 5 Jahre

48_DIE KUNSTKRACHER

Hier sprüht die Kreativität

Aus Wellpappe Möbel fürs eigene Zimmer bauen, Fundstücke in neue Kreationen verwandeln, mit Salatblättern, Äpfeln und Zwiebeln stempeln, Experimente mit der Stimme wagen: Die Workshop-Themen der Kunstkracher sind so kreativ wie die Werke und Performances, die zusammen mit Kindern, Jugendlichen und Erwachsenen entstehen.

Das bunte wie breit gefächerte Programm der Kunstschule kommt immer wieder mit neuen, überraschenden Angeboten daher. Ausgeheckt werden sie von einer Gruppe freier Kulturpädagoginnen und Kulturpädagogen in Zusammenarbeit mit dem Kulturamt der Stadt.

Neulinge wie Fortgeschrittene jeden Alters können dabei ihre künstlerischen Fähigkeiten und (Finger-)Fertigkeiten entdecken und weiterentwickeln. Dazu veranstalten die Kunstkracher wechselnde Kurse und Workshops, initiieren Kooperationsprojekte, gestalten Ferienprogramme und laden ein- bis zweimal im Jahr zu Kreativwochen ein, mit Pappe und Pinsel, Stoffen und Stimmen, Farben und Phantasie.

Die Kunstkracher werkeln an den unterschiedlichsten Orten in der Stadt, in Ateliers, Studios, Jugendzentren, Bürgerhäusern oder im öffentlichen Raum. Seit Ende 2020 hat die Kunstschule auch eine feste Anlaufstelle: Im »kosmos ost« hat der Verein machbar e.V. am Rande der ehemaligen Lagarde-Kaserne Raum für die Kultur geschaffen – und eben auch für jede Menge kreative Krachmacher.

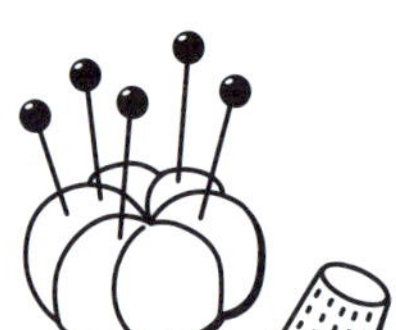

Adresse Kulturraum im kosmos ost, Weißenburgstraße 10, 96052 Bamberg // **ÖPNV** Bus 901, Haltestelle Weißenburgstraße // **Öffnungszeiten** Termine und Preise unter www.kunstkracher.de // Alter je nach Angebot

TIPP: Am Wassermannpark auf Höhe der Pestalozzistraße gibt's für Wasserratten einen kleinen Wasserspielplatz samt Wasserpumpe.

49_DAS LAVENDEL-LABYRINTH

Alles dufte!

Ein Irrgarten ist immer eine faszinierende Angelegenheit. Wenn es auf den verschlungenen Wegen dann noch dazu so betörend duftet und so herrlich lilafarben leuchtet wie im Lavendellabyrinth auf dem Grundstück an der Hinterseite der Klinik St. Getreu, dann erwartet einen eine besonders sinnliche Erfahrung. Und keine Sorge: Auch wenn der Weg plötzlich zur Sackgasse wird, verliert man hier nie den Überblick. Die Lavendelbüsche wachsen nicht besonders hoch; selbst die jüngsten Besucher dürften immer gut drüberschauen können. Oft sind hier wunderschöne Schmetterlinge zu sehen – und der Blick zum Kloster St. Michael ist ebenfalls herrlich.

Das Ziel im Labyrinth ist, in die Mitte zu gelangen. Das darf auch im übertragenen Sinne verstanden werden, denn die Spaziergänger sollen hier tatsächlich auch zu sich selbst finden, zu ihrer eigenen Mitte – und zu Gott. Im Jahr 2007 wurde das Labyrinth zum 1.000. Jubiläum des Bistums Bamberg angelegt, als eine Station des sogenannten Schöpfungswegs, eines fünf Kilometer langen Rundwegs.

Das duftende Labyrinth hat einen Durchmesser von etwa 27 Metern – bis zur Mitte legt der Besucher 350 Meter Wegstrecke zurück. Am Ziel wächst ein Weinstock. Was interessant ist: Die grafische Gestaltung der Wege ist der eines mittelalterlichen Labyrinths der Kirche San Vitale in Ravenna nachempfunden.

TIPP: Wer mag, kann den gesamten, fünf Kilometer langen Schöpfungsweg gehen. Er ist vom Labyrinth aus gut beschildert und bietet mit zwölf Stationen schöne Zwischenziele, von der Quellfassung des Ottobrunnens im Michelsberger Wald über historische Steinbrüche und den Kunigundenweg bis zum Kloster St. Michael.

Adresse Kreuzung Frutolfstraße/Ottobrunnen, 96049 Bamberg // **ÖPNV** Bus 910, Haltestelle Michelsberg // **Öffnungszeiten** immer zugänglich, Eintritt frei // ab 3 Jahre

50_DER LESCHENBRUNNEN

Der Schatz im Quellwasser

Buchstäblich ein Bamberger Urgestein ist der Leschenbrunnen in der Lugbank, der nach einem Bierbrauer benannt ist. Er stammt aus dem 16. Jahrhundert und wird heute leicht übersehen, so vergleichsweise unspektakulär, wie er inzwischen daherkommt. Ein paar ziemlich in die Jahr(hundert)e geratene Treppenstufen führen an einer Straßenecke hinab zum Wasser, das aus einer Röhre hierherfließt. Der Brunnen ist mit der Jahreszahl 1554 versehen. Früher hingegen spielte er eine wichtige Rolle in der Bierstadt Bamberg – und eine für alle Generationen spannende Legende gibt es auch dazu.

Die Bierbrauer schöpften in der Vergangenheit über Jahrhunderte das beste Brauwasser Bambergs aus dem Leschenbrunnen. Hier bekamen sie reines, frisches Quellwasser, das im Gegensatz zum von Färbern benutzten Wasser der Regnitz prädestiniert zum Brauen war.

Woher die Legende zum Brunnen stammt, ist unklar – jedenfalls sollen auf seinem Grund wertvolle, weiß schimmernde Perlen zu finden sein. Doch Vorsicht: Nur wer ohne Schuld ist, kann sie der Sage nach aus dem Wasser fischen. Wenn die Hand eines Sünders den Schatz bergen will, sollen die Perlen zu Schaum zerfließen. Vielleicht haben die Brauer die Legende auch erfunden, damit niemand ihr reines Wasser verschmutzt?

Achtung: Rein und sauber ist der Brunnen heutzutage nicht mehr, hier sammelt sich leider der Schmutz der Stadt. Also besser Finger weg von den Perlen – selbst wenn die Seele rein ist.

TIPP: In Fußnähe zum Brunnen ist im Laden »Käthe Wohlfahrt« das ganze Jahr über Weihnachten. Im Angebot sind Nussknacker, Räuchermännchen, Weihnachtskugeln und vieles mehr (Mo–Fr 11–18 Uhr, Sa 10.30–19 Uhr).

Adresse Lugbank 5, 96049 Bamberg // **ÖPNV** Bus 901, 910, 912, 918, 989, Haltestelle Schranne // ab 5 Jahre

51_LOLLIBEL KINDERMODE

Olchis zum Hören und Strumpfhosen mit Popo-Motiv

Man muss schon wissen, wo der Laden ist – aber wenn man ihn gefunden hat, staunt man über seine Größe und das höchst umfangreiche Angebot: Von Socken bis zum Sommerkleid, vom Dirndl bis zur Daunenjacke, von Größe 50 bis 176 gibt es bei Lollibel in den Theatergassen alles zu kaufen, was Kinder und Jugendliche gern anziehen. Der Laden, so versteckt er auch ist, ist eine Institution in Sachen Kindermode in Bamberg. Ein Hingucker ist die Wäscheleine mitten im Raum, an der Strumpfhosen mit lustigen Popo-Motiven hängen.

Neben den Klamotten gibt es auf den 200 Quadratmetern auch jede Menge Holzspielzeug und die wohl größte Tonie-Auswahl des stationären Handels in Deutschland. Letzteres zumindest bescheinigte ein Tonie-Vertreter der Lollibel-Inhaberin Anne Baum. Für alle, die es nicht wissen: Tonies sind Hörfiguren. Sie haben die Form von Kinderhelden wie etwa Bibi & Tina, den Olchis oder dem Sams, und wenn man sie auf die Toniebox stellt, spielen sie das entsprechende Hörspiel ab.

Anne Baum kam vor ein paar Jahren auf die Idee, einen Kindermodeladen aufzumachen. Sie war damals mit ihren Töchtern shoppen – doch entweder waren die Sachen, die sie fanden, in Asien massenproduziert worden, oder sie waren so teuer, dass das Einkaufen keinen Spaß mehr machte. »Wenn es keine wertigen Klamotten zu bezahlbaren Preisen in der Stadt zu kaufen gibt«, dachte sich Anne, »dann muss wohl ich einen Laden eröffnen.«

TIPP: Wer sich nach dem Shoppen ein Päuschen genehmigen will, setzt sich wenige Schritte vom Lollibel entfernt auf einen der vielen Quadersteine am Obstmarkt und blickt auf die Wassersprudel, die den Brunnen hier beleben.

Adresse Theatergassen 2, 96047 Bamberg, // www.lollibel-kindermode.de, Tel. 0951/91796180 // ÖPNV Bus 916, 938, Haltestelle Am Kranen // Öffnungszeiten Mo – Fr 10 – 13 und 15 – 18 Uhr, Sa 10 – 16 Uhr // ab 0 Jahre

52_DAS MARIONETTENTHEATER

Kleine Puppen mit großem Anspruch

Es ist ein wohltuender Ausflug in eine Zeit, in der Unterhaltung noch nicht aus 15-sekündigen TikTok-Sequenzen bestand, in der viel Wert auf Ambiente, kleinste Details und großen Anspruch gelegt wurde. Im Bamberger Marionettentheater begeben sich Zuschauer zurück ins 18. und 19. Jahrhundert, um sich vom Ausdruck etwa 17 Zentimeter kleiner, feingliedriger Marionetten und Stücken aus der Romantik sowie der Biedermeierzeit begeistern zu lassen. Die kleine Bühne ist passenderweise in einem typischen Bamberger Bürgerhaus, dem Staubschen Haus, aus dem späten 18. Jahrhundert untergebracht.

Die meisten der Inszenierungen des Hauses richten sich an ein erwachsenes Publikum, doch einige der Stücke sind auch bestens für Kinder geeignet. »Hänsel und Gretel«, dessen Texte von Schülern des E.T.A.-Hoffmann-Gymnasiums eingesprochen wurden, ist für Puppenfans ab vier Jahre gedacht, ebenso »Dornröschen«. Das Weihnachtsmärchen »Die Prinzessin und der Schweinehirt« schauen sich besser erst Kinder ab sechs Jahre an. Stücke wie »Prinz Rosenrot und Prinzessin Lilienweiß« sind für Zuschauer ab zehn. Auf nur 30 Plätzen lassen sich Besucher vom nostalgischen Ambiente der Stücke verzaubern, vom kunstvollen Bühnenbild, das detailreich wie ein Wimmelbuch daherkommt – und von überraschenden Spezialeffekten aus der Nebelmaschine.

Wer erfahren will, wie in der kleinen Bühne faszinierende Perspektiven geschaffen und weitere Effekte erzeugt werden, der darf nach einer Abend-Aufführung gern hinter die Kulissen blicken.

Adresse Untere Sandstraße 30, 96049 Bamberg, www.bamberger-marionettentheater.de // **ÖPNV** Stadtbus 916, Haltestelle Stadtarchiv // **Öffnungszeiten** siehe Homepage // Alter je nach Angebot, ab 4 Jahre

TIPP: Im Café Zuckerstück an der Oberen Sandstraße 4 sind die portugiesischen Sahnetörtchen Pastéis de nata jede Sünde wert.

53_DER MILCHSTRASSENWEG

Stairway to Heaven

Von der Kurve, die die Sternwartstraße macht, geht ein Fußweg ab – Milchweg heißt er offiziell. In »Milchstraßenweg« haben ihn Schüler des E.T.A.-Hoffmann-, des Franz-Ludwig- und des Kaiser-Heinrich-Gymnasiums im Schuljahr 2013/14 umbenannt. Um das Ausmaß der echten Milchstraße zu veranschaulichen, haben sie Schilder angebracht, die im selben Verhältnis voneinander entfernt stehen wie die Sterne unseres Sonnensystems. Ein Meter entspricht dabei 52 Lichtjahren. Der Spaziergang durch die Galaxis beginnt beim sonnennächsten Stern, beim Proxima Centauri, von dem aus es über Sirius, den Orionnebel, den Ringnebel und immer weiter geht.

All das findet links und rechts eines naturbelassenen Wanderwegs statt, der eine historische Treppenanlage hinab- und wieder hinaufführt, auf 200 unebenen Stufen. In Herbst und Winter können diese durch das viele Laub sehr rutschig sein. Am Ende blickt man auf eine Tafel, die einen Ausblick auf andere Galaxien gibt. Dort angekommen, lohnt es sich, nicht nur himmel-, sondern auch talwärts in Richtung Bambergs Altstadt zu schauen, was von der Milchstraße aus eine tolle Perspektive ergibt, und vom Milchweg aus auch. Übrigens verläuft buchstäblich um die Ecke auch der Planetenweg, der vergleichbares Infotainment bietet: Er startet am beliebten Spezial-Keller an der Sternwartstraße 8 mit der Sonne – und endet an der Pforte des E.T.A.-Hoffmann-Gymnasiums mit dem Neptun. Auch hier werden die realistischen Entfernungen von der Sonne zu den Planeten in kleinem Maßstab abgebildet.

Adresse Milchweg, 96049 Bamberg // **ÖPNV** Bus 913, Haltestelle Schellenbergerstraße// ab 3 Jahre

TIPP: An der Sternwartstraße 7 befindet sich die Dr.-Karl-Remeis-Sternwarte, das Astronomische Institut der Universität Erlangen-Nürnberg. Manchmal gibt es Kinderführungen.

54_ DER MODELLBAHN-VEREIN

Ich versteh nur Bahnhof

Abgefahren, dass sich das Vereinsheim der »Interessengemeinschaft Modellbahn und Vorbild Bamberg« auf dem Gelände der Bahn befindet und von stillgelegten sowie befahrenen Gleisen umgeben ist. Von den hinteren Fenstern aus können Züge beobachtet werden. Lautsprecher-Durchsagen des »echten« Bahnhofs sind zu hören. Da dürften die zugbegeisterten Vereinsmitglieder oft abgelenkt werden.

Seit 1985 gibt es die Interessengemeinschaft. Mitmachen darf, wer Spaß an Modellbahnen hat, ob an der Technik oder am Bauen – unabhängig vom Alter. Das heißt: Im Verein sind Mitglieder quer durch die Generationen engagiert, auch Kinder. Nichtmitglieder bewundern an Fahrsonntagen oder beim »Tag der offenen Tür« die Bahnen und die aufwendig gestalteten Miniatur-Landschaften.

An diesen besonderen Terminen sind die 26 Meter lange, digitale Clubanlage mit der dreigleisigen Hauptbahn sowie Hauptbahnhof und Betriebswerk zu sehen, eine Bahn aus den 60er Jahren mit zeitgenössischen Details und eine aus der frühen Nachkriegszeit.

Ein Ziel des Vereins ist, in den Räumen nach und nach Bamberger Institutionen im Miniaturformat abzubilden, als Kulisse für die Züge. Den bisherigen Ausgangspunkt bildet der frühere Bahnübergang Gundelsheimer Straße. Vorstand Christian Babirats Großprojekt ist eine Miniaturversion des Bamberger Bahnhofs zur Vorkriegszeit. Spannendes Detail: Dort, wo jetzt im großen Vorbild ein bekannter Fast-Food-Riese untergebracht ist, war früher ein herrschaftlicher Wartesaal für den Hochadel.

TIPP: Von der Brücke aus, die Starkenfeld- und Pfisterstraße verbindet, hat man einen tollen Überblick über die Züge inklusive der ICEs, die am Bamberger Bahnhof ein- und ausfahren.

Adresse Brennerstraße 13 b, 96052 Bamberg, www.modellbahn-bamberg.de // **ÖPNV** Bus 907, 914, Haltestelle Brennerstraße // **Öffnungszeiten** siehe Homepage // ab 6 Jahre

55_DAS MUSEUM KUTZ

Viel Kommunikation um das kleinste Buch der Welt

Durch ein schmiedeeisernes Tor geht es zum Seiteneingang des stattlichen Hauses am Kranen. Hier gilt es, bei »Museum« zu klingeln. Wird die Tür geöffnet, geht es weiter in den ersten und zweiten Stock. Dort sind auf vier Räumen erstaunlich viele Exponate untergebracht, 4.000 bis 5.000, wie Martin Kutz schätzt. Er leitet das Museum, seit sein Vater, Museumsgründer Artur Kutz, im Jahr 2008 gestorben ist. Artur Kutz hatte jahrzehntelang Flohmärkte in ganz Europa nach historischem Bürobedarf wie Schreibmaschinen und Taschenrechnern abgeklappert. Mit der Zeit entstand eine Sammlung aus teils einzigartigen Stücken, die die Geschichte der Kommunikation anhand vieler Exponate und Schaubilder von der Keilschrift bis zu den ersten Handys nachvollziehbar machen.

Die Besucher lernen, wie früher Bleistifte hergestellt wurden, wie die Entwicklung vom Ast zum Füller lief, wie Sprache, Alphabete, Papier und Buchdruck entstanden. Wie die Sache mit dem Rechnen und Vermessen und geheimdienstliche Methoden funktionieren. Sie sehen etwa den Nachbau der ersten Schreibmaschine, mechanische Rechenmaschinen und Zeichengeräte.

Das ist beeindruckend, und dass zwischen all der Technik so etwas Zartes wie das kleinste Buch der Welt zu sehen ist, in dem kunstvoll auf 2,4 mal 2,9 Millimetern das Alphabet abgebildet ist, ist berührend. Dass diese Sammlung in Bamberg beherbergt und nicht etwa Teil eines Museums in einer größeren Stadt ist, darüber darf man tatsächlich staunen.

TIPP: Wer auf dem Weg zum Seiteneingang des Museum Kutz ist, sollte am schmiedeeisernen Eingangstor nach oben blicken: An der Hauswand befindet sich eine schmucke Sonnenuhr!

Adresse Am Kranen 12a, 96047 Bamberg, Tel. 0951/201782 // **ÖPNV** Bus 916, 938, Haltestelle Am Kranen // **Öffnungszeiten** Fr 14–17 Uhr, Sa 10–13 Uhr; Eintritt: 2,50 Euro, Kinder bis 6 Jahre frei // ab 6 Jahre

56_DIE NACHTWÄCHTERFÜHRUNG

Bamberg bei Laternenschein

Wer auf seinem Weg durch Bambergs Gässchen ins Stolpern gerät, schiebt diesen Umstand gern den Unebenheiten des Kopfsteinpflasters zu. In Wahrheit aber sollen koboldgleiche Gestalten dahinterstecken, die zwischen den Fugen hausen und den Bambergern dreist den Fuß stellen. Das zumindest erzählt der Gästeführer im historischen Gewand den Kindern, die mit ihm nach Einbruch der Dunkelheit durch die Altstadt gehen, im Schein einer Laterne. Auf einmal achten die Kinder ganz genau darauf, wo sie hintreten. Sie nehmen an »Bamberg im Laternenschein« teil, einer Kinderführung von Agil, dem Verein, der Gästen und Einheimischen in verschiedenen Themenführungen die Stadt erklärt. Treffpunkt für die nächtliche Kinderführung ist in der Regel das Alte Rathaus.

Die Geschichten, die unterwegs erzählt werden, sind kindgerechte Aufarbeitungen alter Sagen und Legenden. Es geht um die Pöppel und um den Klapperer, ein Skelett, das seine frühere Geliebte zu sich holte, weil sie ihm zu Lebzeiten untreu war. Es geht um die Machenschaften früherer Fürstbischöfe und um einen Mönch, der sich vor mehr als 300 Jahren an einer schönen Magd vergangen hat. Bis heute sollen Letztere als Geisterpaar lautstark streitend durchs nächtliche Bamberg laufen.

Das alles sind schaurig-schöne Gutenachtgeschichten, die so manchem wohlige Schauer über den Rücken jagen. Kinder mit zartem Gemüt sollten sich allerdings besser den tagsüber stattfindenden Führungen des Anbieters anschließen.

TIPP: Der Verein Agil hat den Kiosk auf dem Gelände der Alten Hofhaltung gepachtet und verkauft dort Holzschwerter, Schilde, Hörner, Pfeile, Eis – und was minderjährige Mittelalterfans sonst noch so brauchen.

Adresse Schranne 4c, 96049 Bamberg // **ÖPNV** Bus 901, 908, 912, Haltestelle Schranne // **Öffnungszeiten** Termine und Preise unter www.agil-bamberg.de // ab 6 Jahre

57_DER NIKOLAUSSALAMI-STAND

Es geht um die Wurst

In Bamberg wie auch im übrigen Franken dürfte es kein Straßenfest und kein Markttreiben ohne einen Bratwurststand geben. Die Bratwurst ist ein fränkisches Heiligtum, und leidenschaftlich wird darüber gestritten, welche wo am besten schmeckt, am tollsten aussieht – und wer sie überhaupt erfunden hat. Für Kinder und auch für die meisten Erwachsenen gibt es daher bei jedem Event für kleines Geld etwas zum Essen auf die Hand, was ja auch ziemlich praktisch ist – mit Ketchup, Senf oder blank. Auf dem Bamberger Weihnachtsmarkt am Maximiliansplatz allerdings, der den ganzen Advent hindurch dauert, stiehlt eine andere Wurst dem im Städtchen meist mittelgroben Klassiker die Show, und übrigens auch jedem Schokoladen-Nikolaus: An einem der Stände gibt's traditionell Salami »in weihnachtlichem Schmuckdarm« zu kaufen, wie es der Hersteller der Nikolaus-Wurst, »Rhöni Wurstspezialitäten«, auf seiner Webseite beschreibt.

Diese ist freilich ein tolles Geschenk für alle Nicht-Bamberger, für Bamberger – und für die eigene Familie, um die adventliche Brotzeit aufzupimpen. Die kreativ fabrizierte Köstlichkeit ist zwar fast zu schade, um reinzubeißen, aber schade wäre es auch, es nicht zu tun, so lecker würzig, wie sie schmeckt. Guten Appetit allerseits!

Neben der Bischof-Nikolaus-Variante gibt's am Stand von »Rhöni« auch andere weihnachtliche Salami-Arten zu bestaunen, etwa einen Weihnachtsmann. Und für alle, die doch lieber eine wärmende Bratwurst auf die Hand wollen: Der nächste Stand ist in Bambergs Innenstadt nie weit entfernt …

TIPP: Und als Nächstes geht's quer über den Weihnachtsmarkt zum Kinderkarussell vor dem Rathaus!

Adresse Maxplatz, 96047 Bamberg // **ÖPNV** alle Linien, Haltestelle ZOB // **Öffnungszeiten** in der Regel Ende Nov.–23. Dez. Mo–Sa 9.30–20 Uhr, So 11 bis 20 Uhr // ab 1 Jahr

58_DIE OBERE-PFARRE-KRIPPE

Wo ist eigentlich die Katze?

Sie gilt als eine der prächtigsten Krippen der Gegend, und mit ihren 33 Quadratmetern sowie den bis zu 300 Jahre alten Figuren dürfte sie auch zu den größten und ältesten zählen. Im Advent und auch danach lohnt sich ein Besuch der Kirche der Oberen Pfarre (offiziell: Kirche Unsere Liebe Frau) allein schon wegen der Darstellung der Ereignisse um Christi Geburt. Sogar mehrere Besuche rentieren sich, denn die Krippenszenen werden alle ein bis drei Wochen umgestellt, analog zum Geschehen vor mehr als 2.000 Jahren.

Es gibt noch eine weitere Besonderheit: Auf einem Neben- oder Hauptschauplatz wird in der oft 100 Figuren starken Krippe in der Regel ein aktuelles Thema behandelt. Da sind dann Fridays-for-Future-Demonstranten zu sehen, Geschwindigkeitsmessungen oder Flüchtlinge. Kritik hagelte es wegen des gezeigten Corona-Tests im Winter 2020/21 und den Masken in den Gesichtern der Figuren, denn »Weihnachtsstimmung« würde so nicht aufkommen. Andere wiederum hielten die Darstellung einmal mehr für einen grandiosen Kunstgriff, der das Wunder vor 2.000 Jahren mit der heutigen Zeit verknüpft. Und als wäre all das nicht schon faszinierend genug, geht es für manche um eine ganz andere Frage: Wo ist eigentlich die Katze?

Die ist jedenfalls der Liebling aller Kinder! Eine Katze aus Pappmaschee ist bei jeder der wechselnden Krippenszenen versteckt und meist gar nicht leicht zu finden. Sie hat sich schon mal unter Marias Mantel oder oben bei den Engeln auf dem Stall verkrochen.

Adresse Unterer Kaulberg 6, 96049 Bamberg // ÖPNV Bus 901, 908, 912, 918, 937, Haltestelle Schulplatz // Öffnungszeiten 1. Advent–März Mo–So 9–17 Uhr // ab 3 Jahre

TIPP: Beeindruckend und schon von Weitem zu sehen ist beim Aufstieg auf den Kaulberg auch die Großkrippe mit der Geburtsszene vor dem Dohlushaus gleich gegenüber der Oberen Pfarre.

59_DAS ODEON

Das ausgezeichnete Programmkino

Die Leuchtreklame an der Fassade des Filmtheaters an der Luitpoldstraße erzeugt bei vielen Passanten nostalgische Gefühle – und auch im Inneren des Kinos werden wahre Cineasten nicht enttäuscht. Wer im Foyer Karten kauft, darf in einen der beiden Säle gehen und in Sesseln versinken, den Geruch von frischem Popcorn in der Nase und das Geschehen auf der Leinwand fest im Blick. Das Odeon ist, wie Kino früher war. Es bietet edle Räume mit viel Atmosphäre und ein sorgsam ausgewähltes Programm mit Anspruch und Spaß. Ein Drittel des Angebots ist an Kinder und Familien gerichtet, und um die Vorführungen herum organisieren die Betreiber häufig spezielle Events.

So wird etwa jedes Jahr der Weltkindertag, der 20. September, mit Previews und Aktionen wie Verlosungen oder/und Gratis-Popcorn gefeiert. An Halloween finden Schminkaktionen statt – und auch Kindergeburtstagsfeiern sind möglich. Dann gibt's zur Kinokarte für kleines Geld als Geburtstagsmenü Popcorn und Limo auf die Hand. Vor oder nach dem Film darf mit mitgebrachtem Kuchen im Foyer gefeiert werden – und wenn die Geburtstagsgesellschaft mag, darf sie auch einen Blick hinter die Kulissen und in den Vorführraum werfen.

Das Familienprogramm, das noch mit vielen weiteren pädagogischen Angeboten für Kitas und Schulen punktet, kommt so gut an, dass das Odeon im Jahr 2018 als bestes Kinder- und Jugendfilmkino Deutschlands ausgezeichnet wurde. Einen preisgekrönten Film im preisgekrönten Kino zu sehen, das ist dann ein absolutes Highlight.

TIPP: Wer Süßes fürs Kino im »Unverpackt Bamberg«-Laden in der Luitpoldstraße 36 kaufen will, muss einen eigenen Behälter mitnehmen.

Adresse Luitpoldstraße 25, 96052 Bamberg, www.lichtspielkino.de/odeon // **ÖPNV** Bus 901, 902, Haltestelle Luitpoldstraße // **Öffnungszeiten** Programm siehe Homepage; Eintritt: Kinderticket in der Regel 4,50 Euro // Alter je nach Film

60_DER PIRATENSPIELPLATZ

Abenteuer mit Seegang

Welches Kind ist nicht fasziniert von Piratenabenteuern, von Meerjungfrauen, Wellensurfen und Spaßkämpfen auf wackeligen Brücken? Diese Sehnsucht nach großen Abenteuern auf hoher See kann im Piratenspielplatz in der Panzerleite befriedigt werden. Es ist ein Spielplatz, der es in Sachen Ausstattung und Spaßfaktor mit den großen Spiellandschaften der Stadt auf der Erba-Insel und im Hain aufnehmen kann – und den doch viele nicht kennen, was wohl an seiner Lage im Wohngebiet liegt.

Entern die Kinder das Gelände, stürmen sie meist sofort das Wackel-Piratenschiff. Die Schräglage im Kinderboot ist beeindruckend: Wenn sich die Nachwuchspiraten bemühen und ihr Gleichgewicht immer anders verteilen, schwingt das Holzschiff kräftig nach links und rechts und sorgt dafür, dass der eine oder andere ein bisschen seekrank wird. Eine wackelige Angelegenheit ist auch das Spielgerät gegenüber: Ein Band, das wie ein Laufband aussieht, ist – ähnlich einer Hängematte – über ein Holzkonstrukt aufgespannt. Wer darüberläuft, fühlt sich, als würde er über ein Schiff spazieren, das sich gerade im Sturm befindet. Sind zwei oder mehr Kinder und vielleicht auch ein Erwachsener auf dem Band, wird der Wellengang noch kräftiger.

Es gibt aber noch mehr hier: Bekraxelbare Piratenstelen mit geschnitzten Piratenköpfen, eine wunderschöne Meerjungfrauen-Galionsfigur, eine fordernde Kletterwand, einen Basketballkorb und zwei kindertaugliche Fußballtore aus Holz.

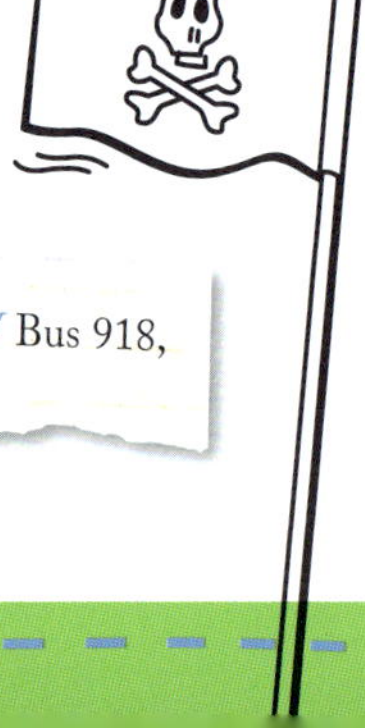

Adresse Panzerleite 26, 96049 Bamberg // ÖPNV Bus 918, Haltestelle Dorotheenstraße // 1–16 Jahre

TIPP: Proviant bekommt man in der charmanten Konditorei Emmie in der Altenburger Straße 9.

61_DIE PUPPENBÜHNE

Willkommen beim Bamberger Kasperl

»Tri, tra, trullala! Hallo, liebe Kinder, hier ist wieder euer Kasperl. Seid ihr alle da? Ich habe heute drei Geschichten für euch …« Es dürfte nicht wenige Kinder geben, die beim Bamberger Kasperl mitsprechen können. Immerhin gibt es einige der Geschichten und auch den »Bratwürstel-Song« auf CD, der in heimischen Kinderzimmern gern in Endlosschleife abgespult wird. Live begegnet man dem Kasperl in verschiedenen Locations der Gegend, er eröffnet traditionell die Sandkerwa für Kinder, spielt im Einkaufszentrum Ertl, bei Rewe Rudel, auf Volksfesten – und mindestens einmal im Jahr auch im beliebten Wilde-Rose-Keller, dem »Draußen-Wohnzimmer« der Bamberger.

Hinter dem Kasperl steckt Florian Herrnleben, Spross der stadtbekannten Puppenspieler-Familie. Sein Urgroßvater gründete die Bühne 1945. Die Puppen, die die Familie seit Generationen tanzen lässt, sind allesamt handgemacht. Herrnleben schlüpft in verschiedene Rollen, spielt den Kasperl und den Seppl, die Hexe und den Polizisten. Die Kinder kringeln sich dabei vor Lachen, gruseln sich auch mal, singen und reden mit – und natürlich reden sie auch mal drein. Ein großes Spektakel ist das immer.

Die Eltern finden das alles auch praktisch: Wenn der Kasperl spielt, können sie derweil bei Ertl oder Rewe einkaufen oder im Wilde-Rose-Keller in Ruhe ein Bier trinken. Wenn er sich wieder verabschiedet, singen alle zusammen: »Tri, tra, trullala …« Und dann? Müssen alle die neue CD der Puppenbühne kaufen, um den Kasperl auch daheim hören zu können.

TIPP: Auch ohne Kasperltheater ist es im Wilde-Rose-Keller schön. Ein bestens ausgestatteter Spielplatz sorgt fürs Entertainment der Kinder.

Adresse zum Beispiel Wilde-Rose-Keller, Oberer Stephansberg 49, 96049 Bamberg // **ÖPNV** Bus 913, Haltestelle Schellenbergerstraße // **Öffnungszeiten** Termine unter www.bamberger-kasperl.de/termine; Eintritt in der Regel frei // ab 3 Jahre

62_DIE PYRAMIDENWIESE

Drachen steigen lassen auf den Hügeln der Erba

Sobald sich die Zweige der Bäume im Wind bewegen und Blätter durch die Lüfte tanzen, geht es los: Dann holen Bamberger Familien ihre Drachen aus dem Keller, versuchen, die Schnüre zu entknoten – und machen sich auf den Weg zur Drachenwiese ihrer Wahl. Bestens geeignet für das luftige Hobby ist die sogenannte Pyramidenwiese auf der Erba-Insel. Auf einem grünen Rasengelände erheben sich dort, im beliebten Bürgerpark, drei grasige, drei bis fünf Meter hohe Pyramiden, die der weitläufigen Wiese ihren Namen gegeben haben. Das ganze Jahr über steigen die Passanten auf die Hügel und schauen sich den Park von oben an. Im Sommer pflücken sie dort gern Gänseblümchen oder machen ein Picknick, im Winter werden die Pyramiden zu Rodelbergen – und im Herbst pilgern viele Familien hinauf, die den bunten Drachen beim Himmelstürmen behilflich sein wollen.

Die drei Hügel eignen sich besonders gut als Ausgangspunkt fürs Drachensteigenlassen, weil dort oben das Lüftchen doller als weiter unten bläst. Es treibt die Drachen vergleichsweise gut in die Höhe. Stromleitungen gibt es auch keine in der Nähe, was ebenfalls eine gute Voraussetzung für das herbstliche Hobby ist. Damit sich der Drachen in einem der Bäume des Parks verheddert, muss man sich schon große Mühe geben: Die wachsen eher weiter von der Pyramidenwiese entfernt.

TIPP: Wer lieber am Wasser als auf einem Hügel ist, sollte einen Abstecher zum Fischpass machen, der sich durch den Erba-Park schlängelt. Er lässt sich mit Hilfe von Trittsteinen und Brücken überqueren – und wer mag, kann seine Füße hineintauchen.

Adresse Erba-Insel, 96047 Bamberg // **ÖPNV** Bus 906, Haltestelle Spinnerei // **Öffnungszeiten** immer zugänglich // ab 4 Jahre

63_DAS QUIDDITCHFELD

Harry Potter lässt grüßen

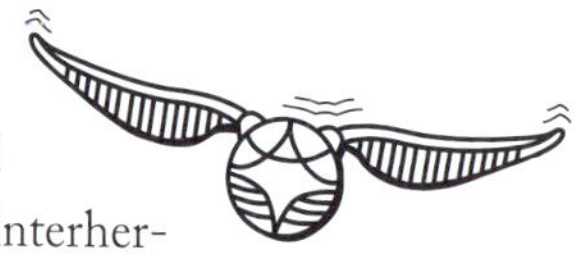

Quidditch? Ist das nicht dieser Sport aus den Harry-Potter-Bänden? Bei dem Hexen und Zauberer auf fliegenden Besen dem Schnatz hinterherjagen? Ganz genau! Und obwohl die Sportart in den Büchern nur mit Zauberei hinhaut, haben einige kreative Köpfe sie in die reale Welt übersetzt. Überall auf der Welt bilden sich seither Quidditch-Mannschaften, und Bamberg hat, was selten in Deutschland ist, sogar eine Kinder- und Jugendmannschaft, die »Kidditch« spielt.

»Drachenreiter« heißt die Truppe, trainiert wird sie seit Herbst 2019 von Johannes Winter, der vom Fußball kommt, jetzt aber begeisterter Quidditch-Spieler ist. Elemente aus Rugby, Handball und Dodgeball kommen bei diesem Sport zusammen. Als Handicap klemmen sich die Spielerinnen und Spieler einen Besen, der in der Muggelrealität eine Plastikstange ist, zwischen die Beine. Dann geht's los! Es gilt, als Sucher dem Schnatz hinterherzusausen, als Treiber Klatscher auf die Gegner zu katapultieren und vorbei an Hütern Tore zu werfen – und zwar durch einen von insgesamt drei Torringen, die auf Stangen in luftiger Höhe angebracht sind.

Das gemischtgeschlechtliche Team mit Kindern und Jugendlichen von acht bis 15 Jahren trainiert auf dem Gelände des FC Eintracht. Neue Mitspieler sind in der Quidditch-Abteilung des FC Eintracht immer willkommen, und versprochen: Der Weg zum Quidditch-Feld am Rande der Stadt geht nicht über Gleis neundreiviertel wie bei Harry Potter, sondern einfach über Bambergs Armeestraße.

TIPP: Nach dem Training gibt's zur Stärkung im Domreiter Stübla auf dem Vereinsgelände Pizza, Burger oder Pasta – und für Geschwisterkinder ist ein Spielplatz am Ort.

Adresse Armeestraße 45, 96050 Bamberg // **ÖPNV** Bus 911, Haltestelle Max-Planck-Straße // **Öffnungszeiten** Trainingstermine und weitere Infos unter www.fce2010.de // ab 8 Jahre

64_DER RODELHANG

Guter Rutsch am Sauersberg

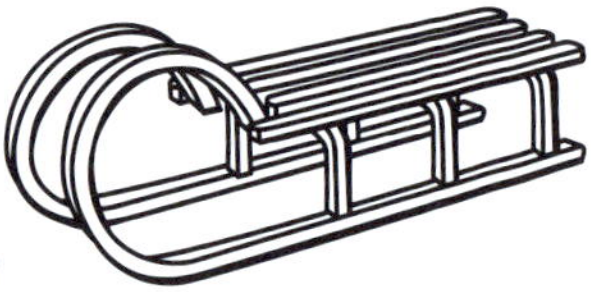

Bamberg hat viele Hügel zu bieten, was manchmal ganz schön beschwerlich ist, wenn man zu Fuß unterwegs ist oder hochradeln muss. Ein paar dieser Hügel eignen sich allerdings bestens zum Schlittenfahren – und das Hinaufsteigen macht gleich deutlich mehr Freude in dem Wissen, dass es auf einem rutschenden Untersatz wieder talwärts geht. Was in Bamberg für den Winterspaß allerdings häufig fehlt, ist Schnee. Es gibt Winter, in denen die Schlitterpartie maximal an zwei, drei Tagen möglich ist. Den Familien bleibt in diesen Jahren nicht viel mehr übrig, als fürs große Wintervergnügen ins Umland zum Rodeln zu fahren, etwa in die Fränkische Schweiz oder ins Fichtelgebirge, wo der recht schneesichere Ochsenkopf zum Wintersport ruft.

Mit etwas Glück bleibt der Schnee in der Stadt allerdings auch länger liegen. Dann erklimmen die Bamberger ihre stadteigenen Hügel. Der für viele schönste Rodelhang ist der Sauersberg am Rößleinsweg. Das liegt auch an der tollen Aussicht, die sich hier auftut: Wer den Schlitten hinaufzieht, hat dabei einen beeindruckenden Blick über die freie Landschaft hin zur ehrwürdigen Altenburg. Wer anschließend den Hang hinabsaust, kann dabei über die ganze Stadt schauen, auch auf den Dom. Der Sauersberg bietet eine vergleichsweise lange Piste, die vielleicht noch mit der potenziell wunderbaren Winterlandschaft der Waldwiese am Rande des Michelsberger Waldes zu vergleichen ist – aber wesentlich mehr hermacht als die der Pyramidenwiese auf der Erba-Insel. Guten Rutsch!

Adresse Am Rößleinsweg, 96049 Bamberg // **ÖPNV** Bus 937, Haltestelle Staffelbergweg // ab 3 Jahre

TIPP: Wer Abwechslung mag: Auch am Fuß der Altenburg lässt es sich bestens die Hänge hinabrodeln!

65_DIE SAMMLUNG LUDWIG

Schnitzeljagd durchs Porzellanmuseum

Was ist mutiger, als einen Elefanten in den Porzellanladen zu lassen? Na, eine Kinder-Schnitzeljagd im Porzellanmuseum zu veranstalten! Die Sammlung Ludwig bleibt dennoch dabei: Kinder können im Museum nicht nur sehen, ob noch alle Tassen im Schrank sind (und Terrinen und Teller und kostbare Figuren) – für sie sind alle Exponate auch Lösungen und Schätze. Denn: In jedem Raum der Sammlung finden sie Antworten für den Forscherbogen, den sie am Eingang bekommen. Durch ihre

Jagd kriegen sie auf spielerische Weise Zugang zu Straßburger Fayencen, Meissener Porzellan und Ausstellungsstücken anderer Herstellungsorte. Seit 1995 sind die von Irene und Peter Ludwig gesammelten Exponate in einer der bedeutendsten privaten Porzellan- und Fayencesammlungen Europas im Alten Rathaus zu sehen. Interessiert man sich nicht für Porzellan, lohnt sich der Besuch allein wegen des berühmten Rokokosaals früherer Ratsherren. Diesen erreicht man über die Ausstellung.

Lustig ist ein Exponat im Erdgeschoss: die Affenkapelle aus Meissener Porzellan, 1753 entworfen von Johann Joachim Kaendler. In Bamberg befinden sich 27 Figuren. Die verkleideten und dressierten Affen waren früher außerordentlich beliebt. Sie musizieren auf Instrumenten, die im 18. Jahrhundert gebräuchlich waren.

Im Obergeschoss demonstrieren Terrinen in Form von Truthahn, Ente oder Schildkröte, raffinierte Figuren als Tischschmuck sowie dekorative Schaugerichte wie Porzellan-Spargel, wie prunkvoll im Barock gespeist wurde.

TIPP: Wer sich die Fassade des Alten Rathauses genau ansieht, entdeckt an einer Stelle ein besonderes Detail: das Bein eines Engels, das plastisch aus der Wand ragt.

Adresse Obere Brücke 1, 96047 Bamberg //
ÖPNV Bus 916, 938, Haltestelle Am Kranen //
Öffnungszeiten Di–So 9.30–16.30 Uhr;
Eintritt: Erwachsene 4,50 Euro, Kinder ab
6 Jahre 1 Euro, Familien 9 Euro // ab 6 Jahre

66_DIE SAMS-AMPEL

Grünes Licht für blaue Wunschpunkte

Das Sams regelt in Bamberg den Verkehr. Jawohl, die beliebte Kinderbuchfigur! Und nein, leider nicht den Straßenverkehr, was viele Bamberger gern gesehen hätten. Das Sams bestimmt auf dem großen Spielplatz auf der Erba-Insel, ob die Ampel auf Rot oder Grün steht. Und ja, es handelt sich dabei um eine funktionierende Ampel, eine solarbetriebene, in der das Sams – in Rot und Grün – in die Rolle des Ampelmännchens schlüpft.

Dass ebendiese Ampel in der Innenstadt, etwa am Pfahlplätzchen, auf dem Weg zum sogenannten Sams-Haus in der Judenstraße 16 stehen würde, war die Wunschvorstellung vieler Bamberger. Doch für diese Idee gab es kein grünes Licht; Innenministerium und Regierung von Oberfranken befürchteten offenbar, dass eine Ampel mit dem Sams darin nicht ernst genommen würde. Schade, denn in anderen Städten funktioniert Vergleichbares: In Mainz folgen die Verkehrsteilnehmer einer Mainzelmännchen-Ampel, und in Augsburg erscheint ein Puppenkisten-Kasperl als Verkehrshelfer.

Ein perfekter Anlass zur Installation wäre der 80. Geburtstag des beliebten Bamberger Sams-Autors Paul Maar im Jahr 2017 gewesen. Auf originelle Weise wäre damit seine Kinderbuchfigur mit Rüsselnase, roten Haaren, Taucherflossen und blauen Wunschpunkten im Gesicht im Herzen der Stadt verewigt worden. Nun drücken Kinder seit 2019 den Knopf der Ampel am Spielplatz und düsen mit Rollern, Bobby-Cars oder Laufrädern weiter, sofern das Sams grünes Licht gibt.

TIPP: Das Sams steckt auf dem Erba-Spielplatz nicht nur in der Ampel. Es hat es sich auch auf dem Dach des großen Rutschenturms bequem gemacht, ebenso auf der bekletterbaren Holzröhre in der Nähe des Cafés KaffeeGlück.

Adresse An der Spinnerei 27, 96049 Bamberg // ÖPNV Bus 906, Haltestelle Spinnerei // Öffnungszeiten immer zugänglich // für jedes Alter

67_DIE SCHEISSERLA

Ist das Kunst, oder …?

Bis vor wenigen Jahren war es nicht gerade zeitgenössische Kunst, über die die Touristen in Bamberg staunten. Es waren vor allem Altstadt, Dom, Klein Venedig. Seit 2016 aber hat sich ein neuer Fotospot am Schönleinsplatz etabliert: Dort befinden sich seither dauerhaft acht rote Männer asiatischen Aussehens, in einem Kreis hockend. Die lackierten Bronzefiguren firmieren offiziell unter dem Titel »Meeting«, stammen vom chinesischen Künstler Wang Shugang und wurden dank einer Spendensammlung der Freunde des Internationalen Künstlerhauses Villa Concordia für 160.000 Euro angeschafft.

Wegen ihrer Sitzhaltung haben die Herren auch einen inoffiziellen Titel: Im Volksmund nennen die Bamberger die Figuren »Scheißerla«. Nicht zuletzt deshalb sind sie wohl das Kunstwerk, das die Kinder der Stadt am liebsten ansehen, anfassen und dessen Spitznamen sie am liebsten aussprechen. Für ein Selfie hocken fast immer Touristen oder Einheimische dazwischen.

Um die Osterfeiertage herum müssen die »Scheißerla« allerdings überdimensionierten roten Hasen weichen: Das Künstlerinnen-Duo »Ringelhoff & Bollermann« will mit der tierischen Konkurrenz einen Anstoß geben, über Vielfalt nachzudenken: Die »Meeting«-Männer sind den Damen zu gleichgeschaltet, wie sie – einer wie der andere – vor sich hin schauen. Die Sparkasse finanzierte die Langohren, von denen immer einer aus der Reihe tanzt, und kümmert sich Ostern um den Stellungswechsel. Für die Kinder? Ist das dann ein lustiger Streichelzoo.

TIPP: Auf dem Schönleinsplatz befindet sich auch eine Reiterstatue, die den Prinzregenten Luitpold von Bayern darstellt. Wer Touristen necken will, behauptet, dass es sich dabei um den Bamberger Reiter handelt, der bekanntermaßen im Dom steht.

Adresse Schönleinsplatz, 96047 Bamberg // ÖPNV alle Linien, Haltestelle ZOB // für jedes Alter

68_DER SCHIEFE TURM

Eine schräge Angelegenheit

Manches an Bamberg kommt einem ziemlich italienisch vor. Neben den vielen hervorragenden italienischen Restaurants der Stadt gibt es Klein Venedig – und mitten in der Gärtnerstadt einen schiefen Turm. Fun fact: Im Gegensatz zur Sehenswürdigkeit in Pisa wurde das Bamberger Gebilde absichtlich in Schräglage gebaut. Es sieht aus wie ein auf den Kopf gestelltes und nach vorne und zur Seite gekipptes Gewächshaus.

Manche munkeln, das von Stefan Giers geplante Glashaus soll die Schieflage zeigen, in die Bambergs Gärtner manchmal geraten. Doch: Es sollte vor allem die Gärtnerstadt um eine Attraktion reicher machen und den Blick von einer Aussichtsplattform auf das uralte Gärtnerland inmitten der Stadt lenken, auf die herrliche Gärtnerflächen mit ihrem Gemüse, das später direkt an den Hoftoren verkauft wird. Und freilich schaut man auch auf die Ottokirche mit ihrem Turm, der an einen Spargel erinnert und sich sehr geradlinig gen Himmel reckt.

Der schiefe Turm indes geht so manchem Bamberger gegen den Strich. Immerhin kostete die zwischen Rettich und Radieschen befindliche Attraktion, die zur Landesgartenschau im Jahr 2012 eröffnet wurde, satte 235.000 Euro.

Auch und gerade Kinder mögen es wiederum, über die Treppe zur Plattform zu gehen, und wenn sie genug haben, gehen sie auf den kleinen Spielplatz gleich neben der ziemlich schrägen Garten-Attraktion. Eltern besuchen dagegen gern die benachbarte Gärtnerei Böhmerwiese.

TIPP: Das Gärtner- und Häckermuseum in der Mittelstraße 34 ist in einem typischen Gärtnerhaus von 1767 untergebracht und veranschaulicht das Gärtnerleben um 1900.

Adresse Heiliggrabstraße an der Böhmerwiese, 96052 Bamberg // ÖPNV Bus 901, 902, Haltestelle Heiliggrabstraße // Öffnungszeiten immer zugänglich // ab 3 Jahre

69_DER SCHNECKENHOF

Entschleunigt wandern mit Eseln und Kerstin

Wie kommt's zum Namen »Schneckenhof«, obwohl vor allem Esel die Stars der Anlage sind? Inhaberin Kerstin Deuber verrät, dass es ihr bei der Wahl des Hofnamens um das Verlangsamen ging, das Herunterkommen inmitten von Tieren und Natur. Der Alltag ist hektisch genug. Zur Entschleunigung am Ortsrand in Nähe der Brose Arena tragen entscheidend die Esel bei, die sich, entspannt wie sie sind, bestens zur Arbeit mit Kindern eignen.

Die Auszeit vom Alltag gibt es als Kindergeburtstagsfeier, als Teil des Ferienprogramms der Stadt – oder einfach so. Jeder Besucher lernt zunächst den Hof und seine Bewohner kennen: Ziegen, Ponys, Hasen und Hühner. Die Esel muss Kerstin nicht eigens zeigen, sie machen durch lautes »I-Aaah!« auf sich aufmerksam. Die Kindergruppen erleben die Tiere hier haut-, fell- und federnah, sie streicheln und füttern sie, misten aus und lernen, sie zu pflegen.

Dann dürfen die Esel gestriegelt und mit Halfter versehen werden, denn: Die Karawane zieht gleich los. Gern geht Kerstin mit ihren Besuchskindern auf eine Wanderung durch den Hauptsmoorwald. Geduldig erklärt sie, wie man die Esel am besten führt. Obwohl die Tiere sehr ruhig sind, kann es auch Härtetests geben. Wenn Gras in Sicht ist, wollen sie oft lieber fressen als weitergehen. Aber: Einige Streicheleinheiten und gute Worte später funktioniert auch das. Das Tempo dabei ist gemächlich, sodass es möglich ist, die Natur und das wunderbare Tier gut wahrzunehmen. Schneckenhofgeschwindigkeit eben.

Adresse In der Südflur, 96050 Bamberg // **ÖPNV** Bus 905, Haltestelle Mohnstraße // **Öffnungszeiten** Termine und Preise unter www.schneckenhof-bamberg.de // ab 4 Jahre

TIPP: Wer einen von Kerstins Esel in einem anderen Zusammenhang erleben will, sollte an den Palmsonntags-Feierlichkeiten im Stadtteil Wunderburg teilnehmen. Dort schlüpft eines der Tiere traditionell in die Rolle des Palmesels!

70_SCHNEEWITTCHENS GRABSTEIN

Märchenhaftes Exponat im Diözesanmuseum

»Es war einmal mitten im Winter, und die Schneeflocken fielen wie Federn vom Himmel herab.« So beginnt das Märchen von Schneewittchen und den sieben Zwergen, das jedes Kind kennt. Was viele allerdings nicht wissen: dass es eine historische Person gab, die das Vorbild für die Märchenfigur gewesen sein soll. Und was für Bamberg sensationell, den Bambergern aber immer noch reiflich unbekannt ist: Sie lebte zeitweise in der Stadt und starb hier. »Schneewittchens« Grabstein ist seit 2019 im Diözesanmuseum Bamberg zu sehen.

Geboren wurde das »echte« Schneewittchen am 16. Juli 1725 in Lohr am Main. Die Einwohner haben viele Parallelen zwischen der Märchenfigur und dem Leben von Maria Sophia von Erthal entdeckt – und halten Letztere daher für das Vorbild Schneewittchens. Die von den Brüdern Grimm beschriebene Familienkonstellation war ähnlich; früher arbeiteten im nahe gelegenen Bergwerk wirklich Kinder und Kleinwüchsige – Vorbilder für die Zwerge? Eine Spiegelmanufaktur gab es in Lohr auch.

Maria Sophia von Erthal starb an ihrem 71. Geburtstag 1796 in Bamberg im Institut der Englischen Fräulein. Beerdigt wurde sie allerdings nicht in einem Glassarg, sondern auf dem Friedhof der alten Martinskirche, die an der Stelle des heutigen Maxplatz in der Bamberger Innenstadt stand. Lange galt der Grabstein als verschollen, bis er bei der Räumung eines Bamberger Hauses in einem Gartenschuppen wieder auftauchte. Die Besitzer erkannten die Bedeutung des Fundes und übergaben ihn dem Diözesanmuseum.

TIPP: Seit Ende 2020 steht vor der Trautmannsmauer am Domplatz ein Bronze-Tastmodell des Domplatzes samt Dom, Alter Hofhaltung und Neuer Residenz.

Adresse Domplatz 5, 96049 Bamberg, www.dioezesanmuseum-bamberg.de // ÖPNV Bus 910, Haltestelle Domplatz // Öffnungszeiten Di–So 10–17 Uhr; Eintritt: Erwachsene 4 Euro, Kinder bis 15 Jahre in Begleitung der Eltern frei // ab 6 Jahre

71_SKATE ISLAND

Willkommen an Board

»Make Bamberg skate again« – so lautete das Motto der Bamberger Skatefreunde, als sie an der Realisierung des Skaterparks »Skate Island« arbeiteten. 2019 wurde ihr Traum eröffnet, seither heißt es denn auch an der Spitze einer kleinen Halbinsel direkt unter der Heinrichsbrücke »Willkommen an Board!«. Hier rollen, klappern und quietschen nun täglich Skate-Profis, BMX-Fahrer und auch kleinere Kinder mit ihren Tretrollern die Asphalthügel hoch und runter, durch die Halfpipe, entlang an Ecken und Kanten, eine Treppe hinab – und manche von ihnen fliegen kunstvoll durch die Lüfte oder weniger kunstvoll auf die Nase.

Für Skater jeden Alters ist »Skate Island« gedacht, was manchmal dafür sorgt, dass an sonnigen Sonntagnachmittagen die Begleitpersonen zittern, wenn sich der Fünfjährige mit dem Roller zwischen den erwachsenen Skate-Artisten bewegt. Besser für die Nerven ist es, auf einer der gemütlichen Bänke Platz zu nehmen und statt den Kunststücken den Königsblick auf die Schiffe zu genießen, die hier durch den Main-Donau-Kanal schippern.

Außer den artistischen Skatern verirrt sich fast niemand hierher, denn es gibt keinen Zugang direkt von der Heinrichsbrücke hinab zum Skater-Paradies, und mit dem Auto kommt auch niemand her. Am besten geht's per Fahrrad, Tretroller oder Skateboard, wenige hundert Meter die Jahnwiese entlang, in Richtung Norden bis unter die Heinrichsbrücke.

Adresse Galgenfuhr, 96047 Bamberg // **ÖPNV** Bus 930, Haltestelle P+R Heinrichsdamm // ab 5 Jahre

TIPP: Auf der Jahnwiese, die »Skate Island« vorgelagert ist, gibt es eine Minigolfanlage, einen Beachvolleyballplatz, einen Basketballkorb und einen witzigen Spielplatz.

72_DIE SONNENUHR

Licht und Schatten an Bambergs schönstem Schulhaus

Der findige Leser sieht gleich, um welche Uhrzeit die Autorin das Foto gemacht hat – so ungefähr jedenfalls. Und bei den Schülerinnen und Schülern der Bamberger Luitpoldschule stellt sich selten die Frage, ob sie zuerst die digitale Uhr oder die mit den Zeigern lesen können – sie erkennen an der Sonnenuhr an der Fassade ihrer Schule, ob sie pünktlich zum Unterrichtsbeginn auf dem Platz in ihrer Klasse im wohl schönsten Schulhaus der Stadt sitzen werden.

Seit 1901 steht das Gebäude samt Sonnenuhr und vielen weiteren aufwendigen Verzierungen an der Memmelsdorfer Straße. Stadtbaurat und Architekt Hans Erlwein (1872–1914) hat es geschaffen. Seine Ausführungen waren für damalige Zeiten revolutionär: Er hatte kein Schulgebäude in der bislang üblichen kasernenartigen Bauform gebaut, sondern ein komplett lichtdurchflutetes Haus. In den Klassenzimmern herrschen optimale Lichtverhältnisse. Dazu passt natürlich die Sonnenuhr, die oben rechts am Gebäude auch vorbeifahrenden Autofahrern die Zeit anzeigt, sofern sie diese auf die Schnelle erfassen können.

Links außen ist übrigens oben in einem Turm eine weitere Uhr angebracht, die ebenfalls wertvoll und bedeutend ist. Sie wurde zwischen 1899 und 1901 von der Firma Johann Neher & Söhne in München hergestellt, verrät die Zeit aber konservativ mit Zeigern. Vielleicht haben frühere Schulleiter sie für bewölkte Tage anbringen lassen, an denen die Sonnenuhr keinen Schatten wirft.

TIPP: Im Kolping-Center an der Siechenstraße 69 gibt's neben gebrauchten Möbeln, Spielwaren und Büchern auch Secondhand-Klamotten für Kinder zu kaufen.

Adresse Memmelsdorfer Straße 7a, 96052 Bamberg // ÖPNV Bus 915, 919, 925, Haltestelle Ottokirche // für jedes Alter

73_DIE SPIELEGALERIE

Ein Paradies für Zocker und Lesemuffel

Lesemuffel haben zwischen Bücherregalen nichts verloren? Von wegen! In der Stadtbücherei finden auch die, die nicht so große Lust haben, sich ein paar Schmöker auszuleihen oder gleich vor Ort zu lesen, etwas fürs Entertainment. Es gibt zum Beispiel eine große Auswahl an Leih-Kinder-DVDs und Hörbüchern sowie an Tonies, den Hörfiguren für die Toniebox. Welchen Bereich der Bücherei überdies so ziemlich jedes Kind liebt, egal ob Lesemuffel oder Bücherwurm: die Spielegalerie, zu der ein paar Treppen in der Nähe des Kinderbuch-Bereichs hinaufführen und von der aus man wie von einem Balkon auf jenen hinabblicken kann. Zahllose Gesellschaftsspiele sind da in den Regalen zu finden, von sämtlichen nur denkbaren Spieleverlagen.

Die Spiele dürfen vor Ort ausprobiert, können aber auch ausgeliehen werden. Wichtig ist dann, vorab zu zählen, ob wirklich alle Spielsteinchen und jegliches Zubehör im Spiel drin sind – sonst ist man bei der Rückgabe der, der für Ersatz sorgen muss. Dieses Zählen kann je nach Spiel eine mühselige Angelegenheit sein, wenn es etwa um die »Monopoly«-Geldscheine geht oder um die einzelnen Holzstämme bei »Billy Biber«. Das führt natürlich dazu, dass Eltern oft vor Ort in der Bücherei betteln: »Ach, lass es uns doch einfach hier spielen, daheim haben wir doch genug andere Spiele!«

Mit ganz viel Glück bekommen sie den Sprössling dazu, stattdessen ein Buch auszuleihen, und mit noch mehr Glück verwandelt sich dann der Lesemuffel in einen Bücherwurm.

TIPP: Auf der anderen Straßenseite gibt's im Marmaris in der Oberen Königstraße 9 unter dem Motto »Bestens bedönt« den vermutlich besten Döner Bambergs!

Adresse Obere Königstraße 4a, 96052 Bamberg, www.stadtbuecherei-bamberg.de // ÖPNV Bus 904, 906, 915, 916, 938, Haltestelle Deutsches Haus // Öffnungszeiten Di – Fr 10 – 18 Uhr, Sa 10 – 14 Uhr // ab 3 Jahre

74_DAS SPIELMOBIL

Spielplatz auf vier Rädern

Der blaue Laster mit dem Kraken mit seinen vielen Tentakeln darauf ist stadtbekannt – und wird meistens schon sehnsüchtig erwartet, wenn klar ist: Heute kommt das Spielmobil ins Viertel! Es kreuzt regelmäßig an unterschiedlichen Standorten der ganzen Stadt auf, um Kinder in ihrem unmittelbaren Umfeld zum Spielen, zur Bewegung und zum gemeinsamen Basteln einzuladen – im Malerviertel genau wie am Troppauplatz, in der Gereuth genau wie in der Gartenstadt, kurzum: da, wo Kinder wohnen.

Meist bleibt es dann an einem Werktag-Nachmittag für drei Stunden an Ort und Stelle, in der Ferienzeit auch gern länger. Teilnehmen kann an dem abwechslungsreichen Programm jeder, der mag, es erreicht auch bildungsbenachteiligte Kinder und ist kostenlos.

Häufig greift die rollende Spielewerkstatt bei ihren Aktionen ein – immer neues – Thema auf. Einmal gibt es etwa auf dem Erba-Spielplatz viele Aktionen rund um die Kinderbuchfigur Sams, dann werden zum Thema »Natürlich! Spielen« Upcycling-Ideen im Malerviertel umgesetzt – und in den Ferien werden Programme auch ohne Voranmeldung angeboten. In diesem Rahmen waren schon öfter »Stadtteil-Detektive« unterwegs, es wurden Filme gedreht und Überlegungen angestellt, was man tun würde, wenn man der Bürgermeister von Bamberg wäre. Die Betreuer haben immer kofferweise Ideen dabei – in Form von Materialien und geistiger Inspiration. Träger der fahrenden Kreativaktion ist das Chapeau Claque im Auftrag des Stadtjugendamts.

TIPP: Der bestens bestückte Spielplatz am Troppauplatz ist auch ohne den Einsatz des Spielmobils einen Besuch wert!

Adresse z. B. Troppauplatz, 96050 Bamberg //
ÖPNV Bus 901, Haltestelle Kloster-Banz-Straße //
Öffnungszeiten Termine und Einsatzorte unter
www.spielmobil-bamberg.de // ab 6 Jahre

75_DER STADTSTRAND

Ich bin im Fluss

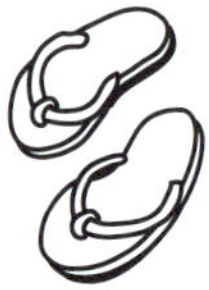

Das Sams passt auf, dass keiner die Klamotten klaut. Was eigentlich nicht nötig ist, denn meist ist sonst keiner da an der Badestelle am Fluss, zu der ein kleiner Stadt-Sandstrand führt. Tief ist das Wasser hier nicht, wild auch nicht – selbst kleinere Kinder können sich, jedenfalls mit Schwimmflügeln, in den Altarm der Regnitz trauen, der von der Innenstadt kommend vom Main-Donau-Kanal abzweigt und ruhig durch den Erba-Park fließt.

Die Massen, die vom Fünferlessteg auf die Halbinsel strömen, kennen die Stelle offenbar nicht, wie magisch werden sie vom riesigen Sams-Spielplatz wenige hundert Meter weiter angezogen, vom 14 Meter hohen futuristischen Holzturm, der über Rampen und Netze erobert werden will, oder dem vorgelagerten Wasserspielplatz mit seinen Schöpfgeräten und Zugwehren.

Die wenigen, die zum Sandstrand kommen, nehmen entweder den Weg zum Ufer hinab – oder sie sausen die Hangrutsche aus zwei Edelstahlröhren hinunter.

Die Kinder springen vom Ufer auf die Steinblöcke, die im Wasser liegen, oder sie geben sich darauf stehend mit ihren Keschern als Angler aus. Meist sind die Fische, die von oben gut zu sehen sind, aber doch zu schnell. Was bei bestem Wetter hier auch gut geht: mit der Luftmatratze oder dem Bötchen herumpaddeln. Oder einfach selbst in die Regnitz springen und ein paar Schwimmzüge machen. Erfrischend ist das und aufregend, wenn man sich Auge in Auge mit einer Ente wiederfindet, denn auch wenn die Menschen die Stelle nicht kennen: Die Tiere lieben sie.

Adresse Sams-Badeplatz am Altarm der Regnitz, Fünferlessteg Erba-Insel, 96047 Bamberg // ÖPNV Bus 906, Haltestelle Spinnerei // ab 3 Jahre

TIPP: Bei Basecoffee an der Spinnerei 15 gibt's schwarzes Softeis.

76_DAS SUMMLOCH

Ein Spielplatz mit good vibrations

Ob die Schauspieler des ETA Hoffmann Theaters vor den Aufführungen ihren Kopf reinstecken, um ihre Stimme in Schwung zu bringen? Bekannt ist das nicht, eine Idee aber wäre es. Wer im sogenannten Summloch auf dem herrlichen Kletterspielplatz im Harmoniegarten in direkter Nachbarschaft des Theaters tief summend ausatmet, hört und spürt, wie die Töne in Resonanz geraten und schließlich der gesamte Körper vibriert.

Das Ganze ist auch für Kinder nutzbar – spätestens im Grundschulalter dürften die meisten groß genug sein, um den Kopf in diese sonderbare Steinhöhle halten zu können. Eine wohltuende Schwingung ergibt es, wenn man nun ein paar Töne anschlägt, und vor allem geht es darum, die eigene Stimme und sich selbst ganz bewusst wahrzunehmen.

Wo sich dieses Summloch genau befindet? Na, es ist die Aushöhlung im quaderförmigen Stein, der mitten auf dem Spielplatz in die Höhe ragt. Wer sich und seine Stimme austesten will, lehnt seine Schultern an den Stein und lässt den Kopf ins Loch ragen. Wenn man sich nun zu summen traut, ergibt das ein gewöhnungsbedürftiges, aber letztlich gutes Gefühl. Es empfiehlt sich auch, das Summen in verschiedenen Tonlagen auszutesten. Die Vibrationen fühlen sich dann jeweils komplett anders an. Diese Art der Sinneswahrnehmung wird schon seit Urzeiten praktiziert. Summsteine soll es bereits in vorchristlichen Katakomben auf Malta und in mittelalterlichen Klöstern in der Bretagne gegeben haben. Vermutlich dienten sie der Meditation und der Heilung.

TIPP: Im ETA Hoffmann Theater öffnet sich alle Jahre wieder der Vorhang für ein Weihnachtsmärchen. In den vergangenen Jahren wurden »Die Schneekönigin«, »Die kleine Hexe« und »Herr Bello und das blaue Wunder« aufgeführt.

Adresse Harmoniegarten, 96047 Bamberg // ÖPNV Bus 908, 937, Haltestelle Schillerplatz // ab 5 Jahre

77_DAS TAM

Frühstück mit Frau Holle

Manche frühstücken einen Clown, andere brunchen mit dem Mädchen aus dem Märchen »Sterntaler« oder mit »Frau Holle«: Das Bamberger »Theater am Michelsberg«, kurz TaM genannt, bietet nicht nur Stücke für Kinder und Erwachsene zur besten Nachmittags- und Abendzeit – dort, hinter altem Gemäuer auf dem Gelände des Klosters Michelsberg, findet auch regelmäßig ein Familien-Theaterbrunch statt. Dann wird zu Brötchen, Marmelade und Käse gern auch ein Märchen-Klassiker serviert.

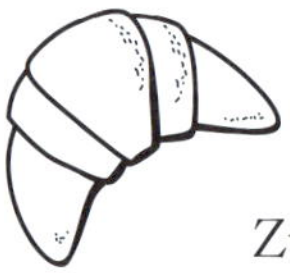

Kuschelig, intim, familiär ist der Theaterraum. Die Zuschauer sitzen so nah an den Schauspielern dran, dass sie oft fast selbstverständlich ins Stück mit einbezogen werden. Nur 18 Quadratmeter misst die Bühne für die Stücke, die meist mit wenigen Requisiten, aber immer mit viel Spielfreude auskommen.

Bei den Kinderstücken öffnet sich der Vorhang in der Regel für eine Stammbelegschaft aus vier Schauspielerinnen und Schauspielern, darunter Intendantin Johanna Wagner-Zangl. Doch Achtung: Die Kinder sollen sich im TaM nicht nur unterhalten lassen, sondern auch mal selbst auf die Bühne kommen. Für sie gibt es Theaterkurse, die mit einer Aufführung enden. Obendrein werden in den Sommerferien Theaterworkshops angeboten. Lustig geht's sowohl in den Stücken als auch in den Workshops immer zu – denn einen Clown, den frühstücken hier offenbar alle.

TIPP: Das Ristorante da Francesco am Michelsberg 10f ist zwar recht vornehm und bietet gehobene Küche – dennoch fühlen sich Kinder hier wohl, was auch an der Kinderfreundlichkeit des Wirts liegt. Der Blick von dort über Bambergs Dächer ist phantastisch!

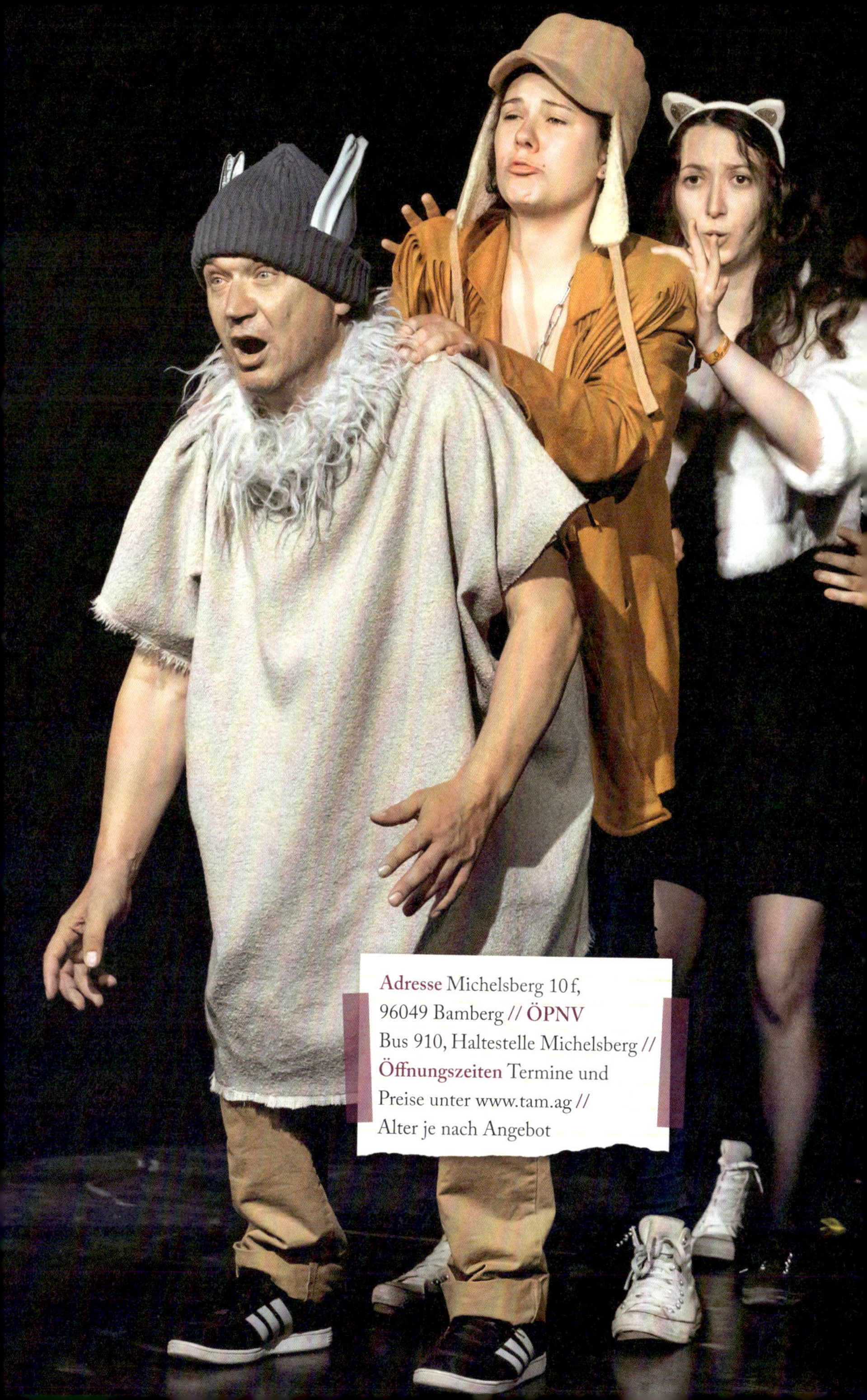

Adresse Michelsberg 10f, 96049 Bamberg // **ÖPNV** Bus 910, Haltestelle Michelsberg // **Öffnungszeiten** Termine und Preise unter www.tam.ag // Alter je nach Angebot

78_DAS TASTMODELL

Auf Fingerspitzen in der Altstadt

Die Bamberger Altstadt, der größte unversehrt erhaltene historische Stadtkern in Deutschland, ist plötzlich klein wie eine Küchentischplatte – und befindet sich als tastbare Miniaturversion wasserumtost auf einer Insel zwischen dem Alten Kanal und dem linken Regnitzarm. An diesem Tastmodell steht immer jemand, um die Straßen und Gassen auf Fingerspitzen zu erkunden. Kinder fühlen gern die Türme des Doms rauf und runter, Touristen suchen Orientierung – und blinde und sehbehinderte Menschen entwickeln durch das Berühren eine bessere Vorstellung für Entfernungen, Höhenunterschiede, den Verlauf der Regnitz und der Straßen und die Architektur der Gebäude. In Brailleschrift sind Hinweise angebracht. Zu verdanken ist die Darstellung dem Rotary Club Bamberg.

Der Ort am Tastmodell ist schön und atmosphärisch. Direkt am Modell stehen ein schattenspendender Baum und eine gemütliche Bank mit bestem Blick auf das Alte Rathaus und den Fluss. Manchmal sitzen da Künstler, die diese Pracht malen, und fast immer Touristen, die pausieren, staunen und fotografieren.

Das Schloss Geyerswörth, vor dem sich das Tastmodell befindet und das ebenfalls zur guten Stimmung beiträgt, ist ein ehemaliges Stadtschloss und nach der Nürnberger Familie Geyer benannt, die 1313 hier ein Stadtpalais bauen ließ. Aktuell ist es in den Händen der Behörden der Stadt und wird gerne auch für festliche Empfänge der Stadt genutzt.

TIPP: Auf der Oberen Brücke darf auch getastet werden: Dort gibt's das Alte Rathaus samt Umgebung aus Metall zu be-greifen. Dieses Modell wurde via 3-D-Drucker fabriziert.

Adresse Geyerswörthstraße 3, 96047 Bamberg // ÖPNV Bus 912, Haltestelle Schillerplatz // ab 3 Jahre

79_DIE TEAM-TISCHTENNISPLATTE

Eine Runde spielen

Ein herrlicher Spielplatz in der Wohngegend – mit einer stattlichen Anzahl an Geräten, die Spaß machen. Es gibt eine Drehscheibe, einen Wackel-Stamm, einen Spielhügel mit Rutsche, die man über eine Hängebrücke erreicht, einen Bachlauf mit Matschrinne, eine Spielhöhle, einen Kletterturm, eine Nestschaukel und Wippen. Alles auf dem Atlantik-Spielplatz ist bunt bemalt. Mittendrin steht außerdem eine Besonderheit, wie man sie nur selten sieht und in Bamberg ansonsten nur noch auf dem großen Hain-Spielplatz: eine runde (!) Tischtennisplatte, die offiziell »Team-Tischtennisplatte« heißt. Ein Traum für Fans eines gepflegten Rundlaufs. Denn: Die Platte sorgt dafür, dass man sich beim Match keine blauen Flecken zuzieht, wie das bei herkömmlichen Platten häufig der Fall ist, da es hier ja keine Ecken gibt.

Alternativ lässt sich an dieser speziellen Tischtennisplatte ein rasantes und manchmal auch chaotisches Viererspiel veranstalten, zumal sich die Netze im 90-Grad-Winkel kreuzen. Vier Spieler können hier im »Jeder gegen Jeden«-Modus gegeneinander antreten und sich lustige Turniere liefern. Die Ballwechsel finden gerade nach vorne oder diagonal statt. Zwei Bälle sind im Rennen. Wenn einer der Spieler einen verpasst, kriegt er einen Punkt abgezogen. Die Herausforderung besteht unter anderem darin, sich nicht von den Spielgeräuschen der anderen irritieren zu lassen.

Adresse Geschwister-Scholl-Ring/Don Bosco-Straße, 96047 Bamberg // **ÖPNV** Bus 904, 906, Haltestelle Markusplatz // **Öffnungszeiten** Mai – Okt. 9 – 20 Uhr, Nov. – April 9 Uhr bis Einbruch der Dunkelheit // ab 8 Jahre

TIPP: Wenige Fußminuten entfernt befindet sich am Markusplatz ebenfalls ein attraktiver Spielplatz mit Nestschaukel, Kletterturm, Kletterwand und einem ziemlich hohen Rutschenturm.

80_DER TRIMM-DICH-PFAD

Fitnesscenter im Vintage-Style

Spazieren gehen ist langweilig? Na, nicht wenn dabei der Trimm-dich-Pfad im Hauptsmoorwald bewältigt wird! Trimm-dich-Pfad? Dieses Relikt aus den 70er Jahren, das der Selbstertüchtigung diente, als es noch keine Zumba-Kurse und Trampolin-Work-outs gab? Ganz genau! Trimm-dich-Pfade erleben spätestens seit den pandemiebedingten Fitnesscenter-Schließungen eine Renaissance. Viele merken auf einmal, wie gut es tut, statt in engen Räumen draußen an der Waldluft zu sporteln. Günstiger als das Fitnesscenter-Abo ist es auch, und die Familie kann gern mitkommen.

20 Stationen gibt es im circa zwei Kilometer langen Parcours im Hauptsmoorwald. Der Spaß beginnt an einem Balancier-Stamm etwa 200 Meter vom Parkplatz Moosstraße/Ecke Armeestraße entfernt. Im maximalen Abstand von wenigen hundert Metern fordern Schilder zu Beweglichkeits- und Dehnübungen auf. Der Fitness-Pfad ist für Familien und Leistungssportler gleichermaßen gedacht; die Sportlicheren sollen laut Angaben die jeweiligen Übungen schlicht öfter absolvieren.

Im Wald verstecken sich Geräteklassiker wie Ringe und Reckstangen; manche der Übungen und deren Beschreibungen klingen allerdings tatsächlich wie aus Turnvater-Jahn-Zeiten. Anderes wirkt erstaunlich originell – die Tatsache etwa, dass statt Gewichten Holzstämme gestemmt werden. Die gibt es für verschiedene Gewichtsklassen, damit die Kinder nicht nur zuschauen müssen, wenn Mama und Papa die Muckis spielen lassen. Der Parcours dürfte seit rund 50 Jahren bestehen.

Adresse Moosstraße/Ecke Armeestraße, 96050 Bamberg // ÖPNV Bus 911, Haltestelle Max-Planck-Straße // ab 6 Jahre

TIPP: Wer tiefer in den Hauptsmoorwald eindringt, kann das über zwei Kilometer breite Sanddünengebiet mit bis zu vier Meter hohen Dünen entdecken, das vermutlich in der ausgehenden Würmeiszeit entstanden ist. Geeigneter Startpunkt ist der Wanderparkplatz beim Schützenhaus Kunigundenruh (Kunigundenruh 1, Litzendorf).

81_DAS WASSERWERK

Vom Regentropfen bis zum Wasserhahn

Wasser ist das wichtigste Lebensmittel überhaupt – und kommt, welch Glück, auch in Bamberg in bester Qualität aus der Leitung. Wie aber gelangt es überhaupt in den Wasserhahn? Wer sich für diese Frage interessiert, sollte sich einer Führung durch das Wasserwerk am Stadtwald und durch das angrenzende Wasserschutzgebiet anschließen. Die Führungen der Stadtwerke sind kostenlos, es gibt sie auch für Kinder ab neun Jahre, und sie sind jeweils dem Wissensstand der Altersgruppe angepasst.

Seit 2014 stellt gleich neben dem alten Wasserwerk, das wie eine Villa aussieht, ein hochmodernes neues Wasserwerk für Jahrzehnte sicher, dass die Stadt mit reinem Trinkwasser versorgt wird. Wer sich die Technik im futuristischen Bau anschauen will, steigt im Rahmen der Führung zunächst über eine Treppe zwölf Meter nach unten. In der sogenannten Rohwasserkammer trudelt das Wasser aus den 74 Brunnen des Wasserschutzgebiets ein. Anschließend wird es in deckenhohe weiße Wasserkessel gepumpt und gefiltert. Ein großes Spektakel.

Bei einem Spaziergang durch das Wasserschutzgebiet sehen die Kinder anschließend seltene Tiere und Pflanzen – und einen Grundwasserbrunnen. Die Gruppe macht auch einen Abstecher zu den Energieholzplantagen. Hinterher weiß jeder, welchen Weg das Wasser in Bamberg nimmt und wie die Regentropfen durch die moderne Aufbereitungstechnik zum Wasserhahn fließen. Darauf einen Schluck, denn so eine Führung macht doppelt durstig!

Adresse Am Tännig 15a, 96050 Bamberg // ÖPNV Bus 905, Haltestelle Friedrich-Ebert-Straße // Öffnungszeiten Führungen individuell ab fünf Personen buchbar, Kontakt über fuehrungen@stadtwerke-bamberg.de; Eintritt frei // ab 9 Jahre

TIPP: Die Brose Arena in der Forchheimer Straße 15 ist nicht nur die Heimspielstätte des Basketball-Bundesligisten Brose Bamberg, sie dient auch als Konzerthalle. Häufig finden hier familientaugliche Veranstaltungen wie Kinder-Musicals statt.

82_DAS WEIHNACHTSHAUS

Da habt ihr die Bescherung

Für viele Bamberger Familien gehört ein Ausflug in die Panzerleite zu den adventlichen Pflichtterminen, genau wie Plätzchenbacken, Geschenkeverpacken und der Besuch eines Weihnachtsmarktes: Das Anwesen an der Nummer 70 hat sich dann in eine leuchtende Weihnachtslandschaft verwandelt und kann herrlich kitschigen US-amerikanischen Weihnachtshäusern Konkurrenz machen. Natürlich leuchten beim Anblick der zahllosen Lichterketten, der Weihnachtsmänner, der Teddys und Schneemänner mit Weihnachtsmütze sowie der Deko-Rentiere nicht nur die rund 13.000 LEDs, die es für diese Deko braucht, sondern auch die Augen der Passanten, die sich hier alle Jahre wieder nicht sattsehen können.

Seit dem Jahr 2000 gibt es diesen überschwänglichen Weihnachtsschmuck zu sehen, der im Laufe der Zeit immer mehr geworden ist. Vier Tage brauchen die Eigentümer jedes Jahr, um alles aufzubauen; mehrere hundert Euro Stromkosten verbrauchen sie mit dem Spaß, den sie vom ersten Advent bis zum Dreikönigstag täglich veranstalten. Noch kitschiger und für manche bereits weit entfernt von jeglichem guten Geschmack geht es in der Gegend nur im Weihnachtshaus in Baunach zu. In einem Anwesen in der Haydnstraße blinken und blitzen Santa Claus und Konsorten wie auf dem Rummel, was natürlich ebenfalls sehenswert ist, ob's einem gefällt oder nicht. Hier muss und darf man das Grundstück betreten, um den Schmuck zu betrachten.

TIPP: In der Maternkapelle in der Maternstraße 10 zeigt der Verein Bamberger Krippenfreunde jedes Jahr im Advent seine Prunkstücke; um Ostern herum sind Krippen mit Szenen aus der österlichen Zeit zu sehen.

Adresse Panzerleite 70, 96049 Bamberg // **ÖPNV** Bus 918, Haltestelle Panzerleite // **Öffnungszeiten** 1. Advent – 6. Jan. täglich 17.30 – 21 Uhr; Eintritt frei // für jedes Alter

83_DAS WELTERBE-BESUCHERZENTRUM

Der Bamberg-O-Mat und die UNESCO

Von der Gärtner- zur Inselstadt sind es fünf Meter, und die Bergstadt, aus Sitzmöbeln nachgebaut, darf beklettert werden. Wer auf dem hügeligen Gebiet verweilt, lauscht einem Gespräch zwischen dem Kaiserpaar Heinrich und Kunigunde. Das Welterbe-Besucherzentrum zeigt, was Bamberg früher war, was es heute ausmacht und warum es UNESCO-Welterbestadt ist.

Weil hier gekraxelt wird, Knöpfe gedrückt, Bildschirme gewischt und Schubladen aufgezogen werden dürfen, haben Besucher jeden Alters Spaß. Überhaupt: »Es handelt sich hier um kein Museum – die Exponate finden sich in der Stadt«, betont Patricia Alberth, die Leiterin des Zentrums. Es soll also »Lesehilfe für Bamberg« sein. Und so kann man im Bereich Gärtnerstadt einem »Gärtnergespräch« zuhören – oder einen Pflanz-O-Mat bedienen: Digital pflanzen die Besucher hier eine Zwiebel an. Auf dem Balkon gibt es Pflanzkästen zu bewundern, gestaltet von Bamberger Gärtnern. Neben dem digitalen Barock-O-Mat, mit dem Besucher ein Bauwerk verbarockisieren, neben Videos und interaktiven Karten gibt es auch klassische Infotafeln. So lernt man, welche Waren im alten Hafen verladen wurden oder warum sich die Bamberger dem Gartenbau zuwandten.

Lust bekommen, weiterzuziehen und das Welterbe vor Ort zu betrachten? Der Bamberg-O-Mat hilft dabei. Er erstellt einen auf Interessen und fußgängerische Fitness zugeschnittenen Stadtplan. Möglicherweise geben die Leser dieses Buches »mit Kindern« ein, um ein entsprechendes Angebot zu bekommen.

Adresse Untere Mühlbrücke 5, 96047 Bamberg, Tel. 0951/871816, www.welterbe.bamberg.de // **ÖPNV** Bus 901, 910, 912, 918, 989, Haltestelle Schranne // **Öffnungszeiten** April–Okt. täglich 10–18 Uhr, Nov.–März täglich 11–16 Uhr; Eintritt frei // ab 6 Jahre

TIPP: Wer sich im Welterbe-Besucherzentrum ein »Barock-Bingo« holt, kann dieses auf der Sightseeingtour durch die Stadt spielen und barocke Fensterschürzen, Pilaster und Giebel entdecken.

84_DIE WUNDERKETTE

Gut gehüteter Kernschatz im Naturkundemuseum

Was tun mit ausgespuckten Kirsch-, Aprikosen- und Pflaumenkernen? Ab auf den Kompost? Nein, viel zu schade – dachte sich jedenfalls vor rund 200 Jahren der 1789 geborene Kunstliebhaber, Grafiksammler und Zeichner Michael Düring. Insgesamt 137 Kirsch- und 15 Aprikosenkerne sowie einen Pflaumenkern hat er ausgehöhlt und filigran beschnitzt, bis die einzelnen Kerne allesamt geometrische Muster und florale Ornamente aufwiesen. Die auf diese Weise geschaffenen kunstvollen Perlen hat er zu einer faszinierenden Kette zusammengefügt, der »Wunderkette«. Als Werkzeug soll ihm lediglich ein kleines Messer mit scharfer Klinge gedient haben.

Solche Mikroschnitzereien waren in der Zeit des 16. bis 18. Jahrhunderts beliebte Exponate in den Kunst- und Wunderkammern europäischer Fürsten; erhalten sind allerdings nicht viele von ihnen.

Die Bamberger Wunderkette ist in einer eigenen Vitrine im Obergeschoss des Naturkundemuseums zu sehen, zwischen Treppenhaus und der Galerie des Vogelsaals.

Der Vogelsaal, der aus dem Jahr 1810 stammt, ist zweigeschossig, im frühklassizistischen Stil bis heute erhalten und gilt weltweit als der schönste Naturkundesaal seiner Art. Tausende Tierpräparate, vor allem Vögel, aber auch Fische, Schlangen, Korallen und viele andere Geschöpfe sind in den vornehmen Vitrinen zu sehen. Als Kontrast hierzu vertiefen im Museum moderne Dauerausstellungen naturkundliche Themen mit regionalen Schwerpunkten; zudem gibt es wechselnde Sonderausstellungen.

TIPP: In der Austraße 29 findet sich im Antiquariat Fundevogel immer ein Bücher-Schnäppchen; gerade mit Kinderliteratur ist der Laden bestens bestückt!

Adresse Fleischstraße 2, 96047 Bamberg, www.naturkundemuseum-bamberg.de // **ÖPNV** alle Linien, Haltestelle ZOB // **Öffnungszeiten** 1. April–30. Sept. 9–17 Uhr, 1. Okt.–31. März 10–16 Uhr, Mo geschlossen; Eintritt: Erwachsene 3,50 Euro, Kinder (6–18 Jahre) 1,50 Euro // ab 5 Jahre

85_DAS ZAUBERFESTIVAL

»Bamberg zaubert« und staunt

»Wenn in Hogwarts Sommerferien sind, kommen Zauberer nach Bamberg, eine wunderschöne Weltkulturerbestadt in Oberfranken.« Diese Worte schallen regelmäßig aus den Lautsprechern, wenn am dritten Wochenende im Juli in der Stadt »Bamberg zaubert« stattfindet, ein Festival voller Magie. Magier aus der ganzen Welt schwingen dann an 25 Auftrittsorten ihre Zauberstäbe, Jongleure lassen Bälle und Fackeln tanzen, Clowns sorgen für Lacher und Akrobaten für vor Staunen offen stehende Münder.

Ab dem späten Freitagnachmittag bis abends und das ganze Wochenende hindurch entführen mehr als 100 Künstlerinnen und Künstler unterschiedlichster Nationalität ihr Publikum in eine Welt voller Überraschungen. Das Festival ist kostenlos, nur um den Kauf eines Programmheftes wird gebeten – und natürlich ist es selbstverständlich, den Zauberern und Artisten etwas Geld in den Hut zu werfen.

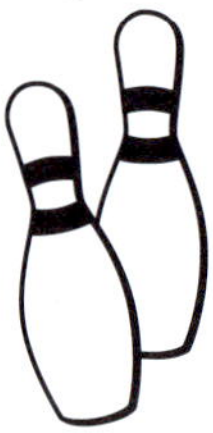

Auf einer Hauptbühne am Maxplatz beeindruckten in den vergangenen Jahren atemberaubende Hypnose- und Feuershows. Natürlich staunen vor allem Kinder über die zahllosen Aufführungen und werden als Zauberer-Assistenten auf die Straßenbühnen gebeten. Sehr aufregend, das alles. Das Einzige, was nervt: Nicht nur die Bamberger wissen, wie toll ihr Festival ist, und so ist die Stadt in diesen magischen Tagen wirklich rappelvoll.

TIPP: Am Wochenende vor »Bamberg zaubert« findet traditionell die »Fuchs-Gala« im ETA Hoffmann Theater statt. An Nachmittags- und Abendterminen führen je fünf Künstlerinnen und Künstler ihre Zauber- und Artistikshows vor Theaterpublikum auf.

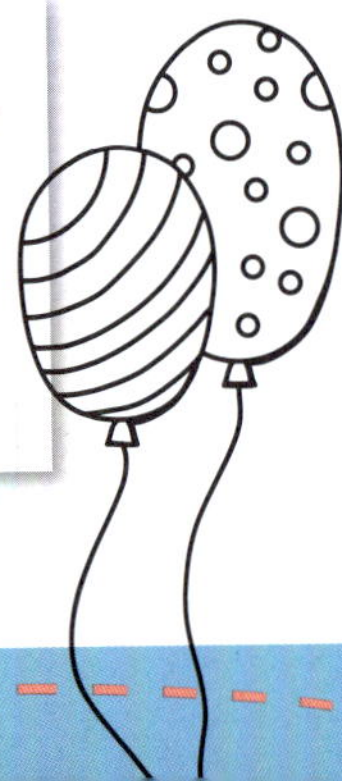

Adresse Maxplatz und Innenstadt, 96047 Bamberg, www.bamberg-zaubert.mybamberg.de // **ÖPNV** alle Linien, Haltestelle ZOB // **Öffnungszeiten** am dritten Juli-Wochenende; Eintritt frei // ab 4 Jahre

86_DER ZIRKUS GIOVANNI

Nachwuchsstars in der Manege

Tatsächlich, es ist ein Zirkuszelt, das da auf dem Gelände des Don Bosco Jugendwerks St. Josefsheim steht, zwischen Bamberger Altstadt und wilder Landschaft in Richtung Altenburg. Dazu ein rotgelber Viermaster, daneben ein Zirkuswagen. Und das Beste: Das Zelt steht sogar dauerhaft da! Beim Zirkus Giovanni handelt es sich um ein Projekt des Don Bosco Jugendwerks Bamberg. Hier lernen Nachwuchsartisten, auf dem Seil zu tanzen, zu jonglieren – und ein Publikum durch clownige Späße zu unterhalten. Das Angebot richtet sich schwerpunktmäßig an Kinder, die in unterschiedlichen Lebensbereichen benachteiligt sind. Doch auch andere Kinder haben je nach Programm die Möglichkeit, sich zu Manege-Stars ausbilden zu lassen, etwa im Rahmen des Ferienprogramms der Volkshochschule, einer Schulprojektwoche oder eines Nachmittagstrainings.

Was die Artisten lernen, zeigen sie in Gala-Vorführungen. Da sind dann mal Clowns zu sehen, die auf ihrem Motorrad durchs Publikum rasen, oder geheimnisvolle Asiatinnen, die ihr Gesicht hinter Fächern verbergen, bevor sie sich als Seiltänzerinnen outen. Brenzlige Spannung liegt bei den Feuerakrobaten in der Luft. Für Moderation, Licht und Ton sorgt ebenfalls der Nachwuchs. Überhaupt entwickelt die Zirkuscrew die gesamte Vorstellung miteinander.

Übrigens darf hier jeder die Nummer einüben, die er mag und in der er sich stark fühlt – denn dann, ist sich das Team hinter den Kulissen sicher, gibt es ein tolles Ergebnis – und tosenden Beifall vom Publikum.

TIPP: Auf dem Gelände und in den Gebäuden des Don Bosco Jugendwerks findet jedes Jahr am dritten Adventswochenende ein Weihnachtsmarkt statt, auf dem viel Kunsthandwerk, leckere Plätzchen und die eine oder andere Zirkusnummer geboten werden.

Adresse Jakobsplatz 15, 96049 Bamberg, www.zirkus-giovanni.de // ÖPNV Bus 910, Haltestelle Torschuster // Öffnungszeiten Termine und Preise siehe Homepage, auch nach Vereinbarung // ab 8 Jahre

87_DAS LEVI-STRAUSS-MUSEUM

Jacke wie Hose

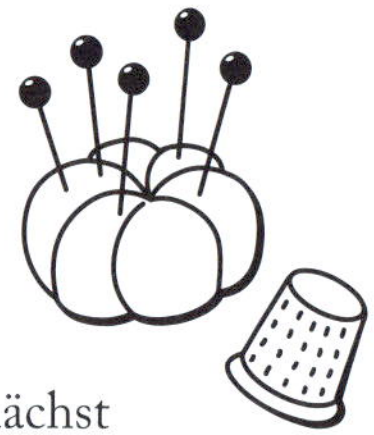

Dass Levi Strauss, der Erfinder der berühmtesten Hose der Welt, 1829 in Buttenheim geboren wurde, konnte man dort in den 1980er Jahren zunächst nicht fassen. Damals aber erhielt der amtierende Bürgermeister den Brief einer US-Amerikanerin, die ihn darüber informierte, weil sie mehr über den berühmten Auswanderer erfahren wollte. Als die Buttenheimer in der Folge selbst recherchierten, staunten sie darüber, dass mitten im Ort Levis Geburtshaus erhalten ist! Heute ist in dem prächtigen Fachwerkhaus mit den blauen Fensterläden das Levi-Strauss-Museum untergebracht.

Via Audioguide und anhand spannender Informationstafeln erfährt der Museumsgast die Geschichte von Levis Auswanderung in die USA. Dessen jüdische Familie, die in Buttenheim ein Leben in Armut geführt hatte, lebte den amerikanischen Traum. Nachdem Levi in San Francisco die genietete Arbeiterhose erfunden hatte, verkaufte sie sich bald auf der ganzen Welt.

Zwischen der Geschichte und den Jeanshosen fallen beim Rundgang auch ganz besondere Exponate auf, etwa die Levi's mit einem Autogramm von Papst Franziskus oder die smarte Jeansjacke, ein Gemeinschaftswerk von Google und Levi's: Wer über die coole Klamotte, die bereits hergestellt wird, streicht, kann so sein Smartphone bedienen und etwa zum Lieblingssong wechseln oder einen störenden Anruf abweisen.

TIPP: Und danach weiter nach Forchheim: Der Waldspielplatz der Lebenshilfe am John-F.-Kennedy-Ring ist mit das Beste, was Spielplatz-Franken zu bieten hat.

Adresse Marktstraße 31 – 33, 96155 Buttenheim, www.levi-strauss-museum.de // **ÖPNV** S 1, Haltestelle Buttenheim // **Öffnungszeiten** Di, Do 14 – 18 Uhr, Nov. – Feb. 14 – 17 Uhr, Sa, So 11 – 17 Uhr; Eintritt Erwachsene 4 Euro, Kinder (ab 6 Jahre) 2 Euro // ab 6 Jahre

88_DIE LIAS-GRUBE

Wettspringen mit Fuchs und Hase

Ob sich hier Fuchs und Hase gute Nacht sagen? Unwahrscheinlich ist es nicht; in der Umweltstation Lias-Grube darf die Natur nämlich tun, was sie will – und was noch toller ist: Familien dürfen ihr in weiten Teilen dabei zusehen.

Die Lias-Grube ist eine ehemalige Tonabbaugrube, inzwischen sind die 17 Hektar ein Biotop für Frösche und die seltene Gelbbauchunke, für Vögel wie den Flussregenpfeifer und jede Menge Insekten und alles, was kreucht und fleucht. Fünf Hektar sind mit Mitmachstationen für die Umweltbildung bestimmt, der Rest ist exklusiv Flora und Fauna vorbehalten.

Im Freigelände, das jederzeit betreten werden darf, gibt es viele Stationen für Familien: ein Weidenlabyrinth etwa, einen Barfußpfad, eine Sandgrube, in der man überprüfen kann, ob man weit wie ein Frosch, ein Hase oder ein Fuchs springen kann. Bienen dürfen im Bienenstock beobachtet, eine Biberburg erobert, eine Riechorgel erschnuppert und eine Matschstelle durchknetet werden. Fast immer sind Eidechsen an den Hecken der Anlage zu sehen. Und weil die Lias-Grube im Grunde aus altem Meeresboden besteht, werden an einem Hang immer wieder Fossilien gefunden. Überall wird hier geforscht und gespielt. Zudem gibt es gegen kleines Geld jede Menge Kurse im Jahreskalender: Pilzwanderungen, gemeinsames Waldbaden – und ein Weihnachtsbaum für Tiere wird auch geschmückt. Gefeiert wird auch, etwa beim Apfelfest. Hinter der Lias-Grube steckt der Trägerverein Umweltstation Lias-Grube Unterstürmig e. V.

Adresse Zur Lias-Grube 1, 91330 Eggolsheim, www.umweltstation-liasgrube.de // ÖPNV Bahnhof Eggolsheim/Neuses, von dort ausgeschildert, circa 30 Minuten Fußweg // Öffnungszeiten immer zugänglich // für jedes Alter

TIPP: Die »Kinderreitschule Fränkische Schweiz« in Götzendorf 23 in Eggolsheim bietet Ausritte, Ponyfreizeiten, Feriencamps, Einzel- und Gruppenstunden, Springstunden und Kindergeburtstagsfeiern an (www.kinderreitschule-eggolsheim.de).

89_DIE SCHLEUSE 94

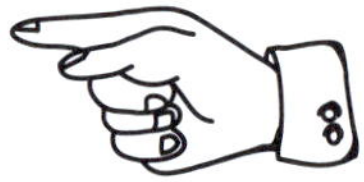

An der Main-Donau-Connection

Bayernkönig Ludwig I. hat im 19. Jahrhundert geschafft, wovon Karl der Große bereits elf Jahrhunderte zuvor geträumt hatte. Doch Letzterem ist es nur zum Teil gelungen, das Vorhaben mit der »Fossa Carolina« umzusetzen: Main und Donau über einen Kanal zusammenzuführen. Zehn Jahre hat es gedauert, von 1836 bis 1846, bis eine Verbindung von Kelheim über Nürnberg bis Bamberg entstanden war, entlang von Altmühl und Regnitz: der Ludwig-Donau-Main-Kanal. Mit Hilfe von 100 Schleusen und abenteuerlichen Flussbrücken, Dämmen und Durchbrüchen wurde es möglich, dass Schiffe auf den insgesamt 172,4 Kilometern 264 Meter Höhenunterschied bewältigen konnten. Pferde zogen die Schiffe auf sogenannten Treidelpfaden, also Wegen entlang des Ufers, den Kanal entlang. 1950 wurde er wieder stillgelegt.

Die Schleuse 94 bei Eggolsheim ist die einzige heute begehbare Schleuse dieser historischen Wasserstraße – ein Industriedenkmal, das die mühevolle Schiffsbewegung von damals anschaulich macht. Der Kanal führt an dieser Stelle kein Wasser mehr, was bedeutet, dass man über die Schleuse und eine steile Treppe in die Schleusenkammer spazieren kann. Damals soll eine Schleusung zehn bis 15 Minuten gedauert haben, heute kann man sich alle Zeit der Welt nehmen, dieses Denkmal auf sich wirken zu lassen. Als Zugabe gibt es im modern rekonstruierten Schleusenwärterhaus spannende Informationen zur Geschichte des Kanals. Gelegentlich finden in der historischen Schleusenkammer Konzerte und Theateraufführungen statt.

Adresse an der ST 2244, 91330 Eggolsheim // Anfahrt über die Staatsstraße 2244 nach Eggolsheim // Öffnungszeiten frei zugänglich // ab 5 Jahre

TIPP: Das Königsbad in Forchheim ist für viele Familien das attraktivste Frei- und Hallenbad der Gegend.

90_DER ALPAKAHOF

Gassi gehen mit Südamerikanern

In der Gegend bewundert man die Ausläufer des Steigerwalds, nicht die der Anden. Die Tiere aber, die hier grasen, sind waschechte Südamerikaner. Eine Herde Alpakas, wie die flauschigen Verwandten der Lamas heißen, hat in Weisbrunn, einem Ortsteil Eltmanns, ein schönes Zuhause: Umgeben von Wiesen, Feldern und Wäldern befindet sich der Alpakahof Lipka. Wenn Besucherinnen und Besucher Glück haben, gibt es hier nicht nur »erwachsene« Alpakas, sondern sogar ein besonders kuscheliges Baby zu sehen.

Anja Lipka war es wichtig, dass ihre Kinder mit Tieren aufwachsen – und Alpakas, die zierlicher als Lamas sind, erschienen ihr und ihrem Mann bestens dafür geeignet: Die Tiere mit ihren langen, schmalen Beinen und dem langen Hals sind nämlich besonders sanftmütig. Im Laufe der Zeit begannen die Lipkas, sie auch mit anderen Menschen zusammenzubringen – sie bieten Weide-Führungen und Alpaka-Wanderungen für Kinder und/oder Erwachsene an.

Bevor eine Tour beginnt, erzählt Anja Lipka über Wesen und Haltung der Vierbeiner mit den Kulleraugen. Natürlich dürfen die Teilnehmer dabei über deren weiche Wolle streicheln. Bei den Wanderungen dürfen bereits Kinder ab drei oder vier Jahre ein Alpaka führen. Die Weide, von der aus es losgeht, ist rund 300 Meter vom Hofladen der Lipkas entfernt und liegt inmitten herrlicher Natur.

Was übrigens viele Teilnehmer wissen wollen: Es stimmt, Alpakas können schon mal spucken! Allerdings trifft es dabei meist eher andere Alpakas; die Besucher der Lipkas bleiben in der Regel trocken.

Adresse Dorfstraße 9, 97483 Eltmann-Weisbrunn, Tel. 09522/304878, www.alpakahof-lipka.de // **Anfahrt** A 70 Richtung Schweinfurt, Ausfahrt 12 auf die B 26 Richtung Eltmann-Limbach, nach rechts auf Zinkenstraße, links abbiegen und auf Doktor-Georg-Schäfer-Straße bleiben, links auf die HAS 24 // **Öffnungszeiten** nach Anmeldung; Kosten der Wanderung: bis zu 3 Personen 50 Euro pauschal, ab 4 Personen jeweils 15 Euro pro Person // ab 3 Jahre

TIPP: Von Eltmann aus – ein guter Startpunkt ist die Altstadt – führt eine familientaugliche Wanderung zum Turm der Wallburg, dem Wahrzeichen des Ortes. Die einfache Gehzeit beträgt eine halbe Stunde. Es gibt tolle Spielmöglichkeiten rund um die Burgruine!

91_DAS BAUERNMUSEUM

Zeitreise zum Fischerhof

Es scheint, als würde die Bauersfamilie jeden Moment aus dem Stall kommen und sich an den Tisch setzen. Im Bauernmuseum Frensdorf, dem ehemaligen Fischerhof, befindet man sich etwa in der Zeit vor 100 Jahren. Der Besucher erlebt den Zustand wie um 1920, nur Menschen und Tiere fehlen. Die Gebäude – Wohnstallhaus, Scheune, Austragshaus – gruppieren sich als Dreiseithof um einen Innenhof. In der Stube im Wohnstallhaus hängen ein Hut und ein Mantel am Haken und ein Kreuz im Winkel über dem Küchentisch. Unter der Ofenbank des Kamins stehen alte Schuhe. Im winzigen Raum daneben ist ein Bett mit Strohmatratze, darunter ein Nachttopf. Die Dielen knarzen.

Über einen engen Flur geht es im selben Gebäude in den ehemaligen Stall. Unvorstellbar aus heutiger Sicht, dass die Menschen mit den Kühen unter einem Dach wohnten.

Auf Schildern kann sich der Besucher im ganzen Haus über den Hof und die frühere Familie Fischer informieren. Wo und wie hat die elfköpfige Familie um 1920 geschlafen? Wer erbte jeweils den Hof? Wie sah der Alltag der Familie aus?

Auch im Garten befindet man sich auf einer Zeitreise. Hier wachsen selten gewordene Pflanzen. Es gibt zudem ein Kräutermosaik, Duftpflanzen und historische Salat- und Gemüsesorten. Kinder freuen sich über den Barfußpfad und das Summloch, in das sie den Kopf strecken und ihre Stimme ausprobieren können.

Adresse Hauptstraße 3 und 5, 96158 Frensdorf, Tel. 0951/859650, www.bauernmuseum-frensdorf.de // **ÖPNV** Bus 978, Haltestelle Frensdorf Schule // **Öffnungszeiten** Di–Fr 14–17 Uhr, So 13–17 Uhr; Eintritt: Erwachsene 2,50 Euro, Kinder (6–17 Jahre) 1,50 Euro // ab 4 Jahre

TIPP: In Frensdorf gibt es einen kleinen Naturbadesee mit Sandstrand, in den es zunächst flach hineingeht.

92_DER SCHMAUSENKELLER

Naturabenteuer sticht Familienessen

Wer einen auf Familie machen will und darauf besteht, dass alle beim gemeinsamen Essen lange am Tisch sitzen und quatschen, sollte sich vom Schmausenkeller fernhalten. Die Kinder, das ist gewiss, lassen sich dort nur mal an den Bierbänken blicken, wenn sie Eis, Limo oder ein Brathähnchen haben wollen. Der Abenteuerspielplatz, der hinterm Haus unauffällig beginnt und sich bis in den angrenzenden Wald ausbreitet, hat sie fest in der Hand. Er bietet eine Seilbahn, Klettergeräte, Rutschen. Die Kinder kraxeln über Wurzeln, bauen Lager – und machen die Eltern zwischendrin ganz schön nervös, weil sie den Nachwuchs auf diesem Gelände schlicht nicht im Blick behalten können.

Bei schönem Wetter dauert es leider lange, Kaffee und Kuchen oder eine Brotzeit zu organisieren. Hier ist Selbstbedienung, doch die Schlange zum Tresen ist oft endlos. Vielleicht sind auch die Preise zu günstig: Ein Kloß mit Soße etwa, den die meisten Kinder gern mögen, kostet nur einen Euro und ein paar Cent dazu. Da schlagen alle zu, das kann sich jeder leisten. Tipp: Häufig gibt es an einem eigenen Stand auch Steckerlfisch zu kaufen. Da die meisten Franken lieber ungesünderes Biergartenessen verputzen, müssen Fischesser hier in der Regel nicht so lange anstehen.

Wenn die Eltern versorgt sind, genießen sie von der Anhöhe aus, auf der der Keller liegt, das Essen mit weitem Blick in die Landschaft. Die Kinder? Die haben immer noch keine Zeit für sie.

Adresse Am Bahnhof 13, 96158 Frensdorf-Reundorf, Tel. 09502/608, www.schmausenkeller.de // ÖPNV Bus 978, 983, Haltestelle Reundorf Kirche // Öffnungszeiten März–Herbst Mo, Do, Fr ab 16 Uhr, Sa ab 12 Uhr, So ab 11 Uhr; im Winter Betrieb im Gasthaus // ab 3 Jahre

TIPP: Von Bamberg aus führt ein schöner Fahrradweg zum Schmausenkeller. Er führt den Main-Donau-Kanal entlang und an der Schleuse Strullendorf gen Südwesten. Es gilt, den alten Bahngleisen Richtung Schlüsselfeld zu folgen, bis man zur Pettstadter Fähre gelangt, die die Fahrradfahrer über die Regnitz transportiert. In Pettstadt sollte man sich weiter an den Gleisen orientieren, und sobald Reundorf zur Rechten liegt, geht es den Berg hinauf.

93_DIE STÖRCHE

Gefiederte Friends in Frensdorf

Der Name könnte mal überpinselt werden – denn »Schwanenbräu«, wie da in verblichenen Lettern steht, ist wenig passend für Familie Adebar, die während des Sommerhalbjahrs auf dem Dach des ehemaligen Gasthofs wohnt. Vermutlich aber sind die Störche in der Gegend nicht allzu wählerisch, was die Fassaden ihrer Domizile betrifft – es geht ihnen ja um die Kamine in Frensdorf, die sie besiedeln.

Dass die Gemeinde eine Hochburg für die gefiederten Freunde ist, das bezeugt auch der Storchenbrunnen auf dem Marktplatz in unmittelbarer Nähe des Gasthofs. Vom Brunnen aus lässt sich denn auch das Treiben auf dem ehemaligen Schwanenbräu gut beobachten.

Mit etwas Glück ist sogar Storchengeklapper zu hören – ein beeindruckendes Hörspiel!

Lust auf weitere Störche? Sie sind nicht nur im Frensdorfer Zentrum, sondern auch in den Ortsteilen Abtsdorf und Vorra zu sehen. In Vorra logieren sie gern auf dem Dach des Gasthauses »Zur grünen Linde«. Einen guten Blick auf das Geschehen hat man in diesem Fall vom Vorplatz des gegenüber- und hochliegenden Kirchleins »Mariä Heimsuchung«.

Solche Tiererlebnisse in freier Wildbahn sind sonst oft nur in fernen Ländern möglich. In ebendiesen verbringen die Störche denn auch den Winter: Während die ersten von ihnen bereits im Februar oder März in Frensdorf aufschlagen, zieht es sie gegen Spätsommer und Herbst wiederum retour in wärmere Gefilde, etwa nach Afrika oder zumindest ins südliche Europa.

TIPP: Nach der Storchenbeobachtung in Vorra geht's zum Spielen: Unter der Adresse »Vorra 30« wartet ein toller Spielplatz mit Drehkarussell, Wippe und Rutsche auf junge Vogelbeobachter.

Adresse Marktplatz 5, 96158 Frensdorf // **ÖPNV** Bus 978, Haltestelle Frensdorf Schule // **Öffnungszeiten** Feb./März–Spätsommer/Herbst // für jedes Alter

94_DIE GELBWURST-TREPPE

Eine Tradition, die in aller Munde ist

Es soll ja Kinder geben – böse Zungen behaupten: die der Autorin –, die schon beim Betreten eines Supermarkts lauthals um »Wurst« betteln. Auch wenn die Fleischtheke noch einige Obst- und Gemüse-, Tiefkühl- und Brotregale weit entfernt ist. Sie wissen aber: Beim Metzger des Ladens ist es üblich, dass sie eine oder manchmal sogar mehrere Scheiben Gelbwurst auf die Hand bekommen. Diese darf an Ort und Stelle gefuttert werden. Es ist eine Tradition, die die meisten Eltern auch aus ihrer eigenen Kindheit kennen.

Für alle, die wiederum noch nie von Gelbwurst gehört haben: Das ist eine sanft gewürzte Brühwurst aus Schweine-, Kalb- oder Rindfleisch mit gelber Haut; innen ist sie weiß. Die Übergabe der kleinen Aufmerksamkeit ist für viele Kinder der Höhepunkt beim Einkaufen.

Bei Rewe am Hallstadter Ertl-Zentrum müssen die jungen Kunden allerdings nicht erst darauf warten, dass Mama oder Papa an der Fleischtheke sind. Für sie wurde eine eigene Gelbwurst-Treppe aufgestellt, die sie hinaufsteigen dürfen, um kindgerecht bedient zu werden und die geliebte Wurst zu kriegen. Lange Arme, um die Übergabe über die Bühne zu bringen, braucht hier niemand. Und wenn Mama und Papa auch endlich an der Fleischtheke angekommen sind, kann immer noch weitere Gelbwurst gekauft werden, die dann zu Hause gefuttert wird. Gequengelt wird nun erst ein paar Regale später wieder, wenn es um Süßigkeiten und Kinderzeitschriften geht.

TIPP: Im indischen Foodtruck »Himalaya« gegenüber dem Rewe-Markt gibt es bestes Essen zu günstigen Preisen. Auch Kinder gehören zu den Fans der exotischen Köstlichkeiten.

Adresse Biegenhofstraße 4, 96103 Hallstadt // ÖPNV Bus 904, 957, Haltestelle Ertl-Zentrum // Öffnungszeiten Mo–Sa 7–20 Uhr // ab 1 Jahr

95_DIE RIESENRUTSCHE

Kleine Ertl-Kunden auf dem Holzweg

Es ist ein Spielwarengeschäft mit einem für die Zielgruppe perfekt passenden Zugang: Wer vom Erdgeschoss ins Untergeschoss des Ertl-Zentrums möchte, um im dortigen Spielwarengiganten Lego, Barbie und viele weitere Spielwaren zu begutachten, kann über eine hölzerne Riesenrutsche hinabsausen. Was für ein Spaß! Und klar: Obwohl unten viele attraktive Spielsachen warten, die teilweise auch ausprobiert werden dürfen, rutschen die potenziellen minderjährigen Kunden hinab, nur um erneut hochzurennen und wieder hinabzurutschen. Und so weiter …

Wenn die Kinder nicht von der Rutsche loszueisen sind, verschaffen sich Eltern dadurch auch etwas Zeit – und können in der Bücherwelt im Ertl-Zentrum, die gleich neben dem Spielwarengiganten zu finden ist, nach neuer Lektüre suchen.

Die Idee zur rutschigen Angelegenheit hatte Gaby Schrödel, Inhaberin des Spielwarengiganten. Früher gab es nämlich in der Bamberger Innenstadt eine vergleichbare Holzrutsche, die im damaligen Schuhhaus Scharrenbroch die Kinder vom Erdgeschoss in den Verkaufsraum im Keller transportierte. Schrödel fand das als Kind großartig – und setzte, als der Spielwarengigant im Jahr 2007 vom ersten Stock ins Untergeschoss des Einkaufszentrums zog, diesen Kindertraum im eigenen Geschäft um.

Pssst: Es soll sogar Familien geben, die gar nicht wegen des Einkaufens ins Ertl-Zentrum gehen, sondern allein, um sich mit diesem rasanten Indoorspaß die Zeit zu vertreiben.

TIPP: Wenn Kinder es schaffen, sich von der Rutsche wegzubewegen, können sie im Ertl-Zentrum auch zwei nostalgische Karussells entdecken. Sie dürfen darauf kostenlos ihre Runden drehen.

Adresse Emil-Kemmer-Straße 19, 96103 Hallstadt // ÖPNV Bus 904, 957, Haltestelle Ertl-Zentrum // Öffnungszeiten Mo – Fr 10 – 19 Uhr, Sa 10 – 18 Uhr // ab 3 Jahre

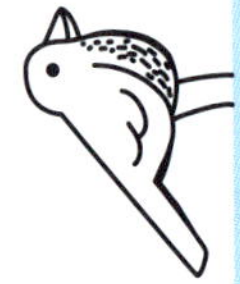

96_DER VOGEL-BEOBACHTUNGSTURM

Natur aus der Perspektive von Amsel und Drossel

Oben angekommen, ist man auf Augenhöhe mit Nachtigallen, Pirolen und Silberreihern, wie die Stars direkt am Main bei Hallstadt heißen. Seit 2012 führt hier eine Treppe auf eine Plattform in fast zehn Meter Höhe. Von diesem Vogelbeobachtungsturm aus gibt es mit großer Wahrscheinlichkeit viel zu sehen – er steht direkt an der Verbindung von Säugriessee und Main. Die Vogelwelt des Flusses trifft hier auf die des Baggersees.

Die Holz-Metall-Konstruktion ist 2012 im Rahmen des LIFE-Natur-Projekts Oberes Maintal entstanden. An den Holzsäulen, die das Dach stützen, sind Bilder der Vögel angebracht, die man zu Gesicht bekommen kann. Wer entdeckt am schnellsten einen – und wer kann das Federvieh bestimmen? Vielleicht der, der das Fernglas dabeihat?

Auch wenn der Turm nicht ganz leicht zu finden ist, rentiert sich der Weg. Zum Ziel gelangt man etwa über den Radweg von Bischberg nach Dörfleins, der in der Nähe vorbeiführt. Wer mit dem Auto anreist, steuert am besten die Parkbucht an, die in der Kurve der Autobahn-Auffahrt in Richtung Schweinfurt und Kassel liegt. Von dort spaziert man weiter geradeaus etwa 20 Minuten zum Beobachtungsturm, vorbei an Sonnenblumenfeldern und anderer zauberhafter Natur. Bald geht es nach links, ein Schild weist den Weg. Und ja, die Autobahn ist hier zu hören – und dennoch bietet sich hier eine traumhafte Gelegenheit, Natur zu erleben.

TIPP: Das Freibad Hallstadt in der Michelinstraße 65 bietet große tolle Becken, einen Sprungturm, eine Riesenrutsche und einen gemütlichen Kioskbereich.

Adresse an der A 70 und am Main, 96103 Hallstadt // Anfahrt vom Bamberger Hafen aus kommend an der Kurve der Autobahn-Auffahrt in Richtung Schweinfurt/Kassel geradeaus zum Parkplatz fahren // Öffnungszeiten immer zugänglich // ab 3 Jahre

97_DER OSTERBRUNNEN

Ein in (Eier-)Schale geworfener Brauch

Hunderte oder sogar Tausende Eier ausblasen, bemalen und an öffentlichen Brunnen als üppigen wie originellen Schmuck anbringen, das ist in vielen Orten der Fränkischen Schweiz und drumherum schon lange Tradition. Wie sie entstanden ist, ist nicht ganz

klar – vielleicht einfach nur, um viele Touristen anzulocken, was ja eine legitime Angelegenheit wäre. Den ersten Osterbrunnen überhaupt gab es vermutlich 1909 in Aufseß. Der in Bieberbach steht als größter der Welt mit über 11.000 bemalten Eierschalen im Guinnessbuch der Rekorde.

In jeder der vielen oberfränkischen Gemeinden sieht die österliche Dekoration ein bisschen anders aus. Für Familien lohnt es sich also, auf Tour zu gehen und etwa bei den Osterbrunnen in Bamberg anzufangen, zum Beispiel vor der Maria-Hilf-Kirche in der Wunderburg oder an der Gaustadter Hauptstraße. Beeindruckender aber sind die Brunnen in der Fränkischen Schweiz. Vergleichsweise nah und unbedingt sehenswert ist der in Tiefenpölz.

Der Brunnen ist mit zahllosen Hühnereiern geschmückt, die jeweils prächtig bemalt sind – und auf den größeren Gänseeiern ist sogar die Passionsgeschichte abgebildet!

Toll ist in Tiefenpölz auch, dass der Osterbrunnen von einer Sitzgruppe aus bewundert werden kann. Auf dem Tisch stehen dann bunte, hart gekochte Eier, Salz und Pfeffer. Gegen kleines Geld darf man sich bedienen. Ein Geheimtipp ist das nicht mehr: Bis zu 5.000 Eier bieten die Frauen, die auch den Brunnen schmücken, jedes Jahr an.

TIPP: Auch der Heiligenstadter Johann-Daum-Brunnen direkt am Marktplatz ist mit rund 2.400 bemalten Hühnereiern eine Schau. Es gibt hier viele »Fenstereier« zu sehen, Eier, die auf einer Seite geöffnet sind und im Inneren österliche Szenen im Miniaturformat zeigen.

Adresse Tiefenpölz (am Ortsausgang Richtung Teuchatz), 91332 Heiligenstadt // **ÖPNV** Bus 975, Haltestelle Tiefenpölz // **Öffnungszeiten** in der Osterzeit // für jedes Alter

98_ DAS TROPFHAUS

Raum in der kleinsten Hütte

Eine steile Treppe führt auf den kleinen Dachboden, durch die Ziegel scheint Licht. Dort haben einst mehrere Kinder geschlafen und gespielt. Wenn es im Winter geschneit hat, lag morgens Schnee auf ihnen und den Bettdecken. Es war kalt, aber weil alle eng beisammenlagen, versuchten sie, sich gegenseitig zu wärmen. Bei einem Besuch im Tropfhaus Sassanfahrt kann man erahnen, wie das Leben vielköpfiger Familien auf kleinstem Raum, hier auf 30 Quadratmetern, früher ausgesehen hat. In einer schmalen Küche wurde das Essen zubereitet, in einer kleinen Stube lebte und arbeitete die Familie; nachts schliefen die Erwachsenen ebenda. Die Decke im Tropfhaus ist keine zwei Meter hoch. Dass die Wände bunt bemalt waren, ist an ein paar Stellen zu erkennen.

Das Museum ist das einzige bis heute unverändert erhaltene Tropfhaus in Sassanfahrt, es stammt aus der Zeit um 1790. Früher hat es hier und in Köttmannsdorf fast 100 davon gegeben. Reichsgraf Julius von Soden hat sie für Neubürger bauen lassen.

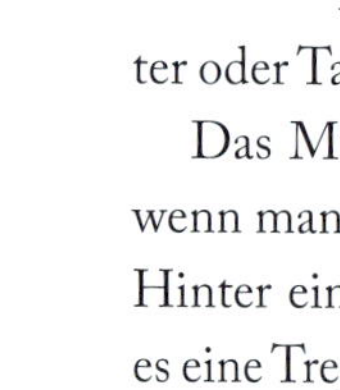

Der Name Tropfhaus kommt daher, dass das Grundstück der Bewohner endete, wo bei Regen das Wasser vom Dach tropfte. Die Möglichkeit, Landwirtschaft zu betreiben oder Vieh zu halten, gab es auf diesem kleinen Raum nicht. Die armen Menschen lebten als Heimarbeiter oder Tagelöhner; oft als Korbflechter.

Das Museum übersieht man, wenn man nicht genau aufpasst. Hinter einem Lattenzaun geht es eine Treppe hinab zum Häuschen mit seiner roten Haustür und den roten Fensterläden.

TIPP: Die FrankenLagune in Hirschaid ist ein tolles Erlebnisbad mit Kinderplanschbecken, Whirlpools und Rutsche (Georg-Kügel-Ring 6).

Adresse Pfarrer-Hopfenmüller-Straße 7, 96114 Hirschaid-Sassanfahrt, Tel. 09543/440987, www.museum-tropfhaus.de // **Öffnungszeiten** April – Okt. an jedem 1. und 3. So im Monat 13 – 17 Uhr und nach Vereinbarung; Eintritt: 1 Euro, ermäßigt 50 Cent // ab 6 Jahre

99_DAS ERDBEERFELD

Vorsicht, frische Früchtchen!

Nein, keiner wird gewogen, um zu prüfen, ob er das Erdbeerfeld schwerer verlässt, als er es betreten hat. Und ein paar Gramm schwerer darf man sogar sein: Probieren ist ausdrücklich erlaubt. »Wir haben zehn Sorten, da darf natürlich getestet werden, welche man am liebsten mag«, sagt Hanna Schuster vom Erdbeerhof Schuster in Pödeldorf, einem Ortsteil Litzendorfs. »Wir wollen ja auch gleich beweisen, dass die Früchte vom Feld besser schmecken als die aus dem Supermarkt!«

Wer pflücken will, nimmt sich von daheim eine Schüssel mit – oder kauft vor Ort ein Gefäß. Es gibt sogar ein eigenes Kinderkörbchen mit einer Erdbeere darauf zu erwerben, für 3,50 Euro.

Derart ausgerüstet geht es an die Arbeit. Gut ist es, wenn die ganze Familie mitpflückt, denn dann sind die Gefäße ratzfatz voll mit den frischen Früchtchen. Und eigentlich macht ja auch jeder gern mit, das steigert die Vorfreude auf die puren oder gezuckerten Erdbeeren oder auf den Erdbeerkuchen.

Ein Erdbeerlehrpfad fürs Infotainment ist am Rande des Feldes aufgestellt. Interessierte Kinder und Erwachsene erfahren dort, dass Erdbeeren gar keine Beeren, sondern Nüsse sind – und warum die Schusters auch immer dafür sorgen, dass nicht nur Bienen, sondern auch Hummeln am Feld sind: Letztere beginnen nämlich schon bei deutlich frischeren Temperaturen damit, die Erdbeeren zu befruchten. Auch eine Kastenrutsche und ein paar Kinderfahrzeuge stehen immer für die Nachwuchs-Pflücker bereit.

Adresse 96123 Litzendorf-Pödeldorf, Tel. 0173/4173567, www.erdbeerhof-schuster.de // **Anfahrt** an der Straße von Pödeldorf Richtung Memmelsdorf, circa 1 Kilometer nach Ortsende, ausgeschilderter Parkplatz gegenüber dem Erdbeerfeld // **Öffnungszeiten** etwa Mai–Juli, tagesaktuelle Info unter »Schusters Beerentraum« auf Facebook // ab 3 Jahre

TIPP: Heidelbeeren pflücken kann man von etwa Ende Juni bis August an der Schammelsdorfer Straße 9 in Pödeldorf. Das Ernten klappt im Stehen, die Beeren sind größer als die wild wachsenden im Wald.

LITZENDORF

100_DIE PUMPTRACKBAHN

Wir drehen am Rad

In die Pedale tritt hier eher niemand – und trotzdem sind die Kinder und Jugendlichen auf ihren Fahrrädern in einem Affentempo unterwegs. In Endlosschleife fahren sie im Kreis – in Kurven, über Wellen und durch Täler. Dass sie dabei nicht treten, liegt daran, dass sie hier, in der 1.000 Quadratmeter großen Litzendorfer Pumptrackbahn, pumpen.

Pumpen? Nun ja, so werden die Auf- und Abbewegungen des Körpers, also die Gewichtsverlagerungen, bezeichnet, die den Kids auf den Gefährten Schwung verleihen und dafür sorgen, dass sie immer mehr an Tempo zulegen. Vergleichbares gelingt hier übrigens auch auf Rollern, Skateboards und Inlineskates. Auch auf diesen Fortbewegungsmitteln ist das Ziel, den Parcours ohne die Füße als Antrieb zu meistern. Übrigens Vorsicht: Flugverkehr! Durch die Konstruktion der Strecke und das hohe Tempo fliegen die Pumptrack-Kids immer mal wieder durch die Luft!

Das Fliegen gelingt auch entlang der Jump-Line, die neben dem Pumptrack-Rundkurs liegt und sich mit ihm verbinden lässt. Es handelt sich dabei um eine eigens für Mountainbiker angelegte, aus Erde geformte Hügelstrecke, auf der es sich herrlich springen lässt.

Jüngere Kinder oder Pumptrack-Beginner, denen es auf der Hauptstrecke zu rasant zugeht, können sich durch einen 100 Quadratmeter großen Kids-Pumptrack pumpen – sogar Laufrad-Fahrer wurden hier schon gesehen. Die Anlage jagt tatsächlich bei Kindern und Jugendlichen quasi jeden Alters und freilich auch bei Erwachsenen das Adrenalin durch die Venen.

Adresse Am Wetterkreuz 50, 96123 Litzendorf //
ÖPNV Bus 970, Haltestelle Naisa //
Öffnungszeiten rund um die Uhr // ab 2 Jahre

TIPP: An der Staatsstraße von Litzendorf nach Geisfeld sind auffällige Hügel zu sehen. Diese gehören zu einem keltischen Friedhof, der 700 vor Christus von keltischen Bauern angelegt wurde. Einige Hügel sind bis zu vier Meter hoch, die Größe spiegelt die soziale Stellung der Verstorbenen wider.

101_DER REITSTALL

Das Leben ist ein Ponyhof

Allein die Fahrt dorthin entspannt. Der Weg führt von Bamberg durch Dörfer und schönste weitläufige Landschaft. Am Freizeit-Reitstall in Schammelsdorf angekommen, sind Urlaubsgefühle da. Die Anlage liegt direkt am Wald, umgeben von Feldwegen, und nicht nur Natur und Pferde sorgen fürs große Aufatmen, sondern auch Katzen, Hühner und Hasen. Sogar Bibi und Tina sind hier anzutreffen, allerdings handelt es sich dabei nicht um zwei findige Mädchen, sondern um charmante Ziegen. Im Freizeit-Reitstall Schammelsdorf ist das Leben wirklich ein Ponyhof.

Hier gibt es für jeden, der reiten möchte, passgenaue Angebote: Kinder ab drei Jahre bekommen genauso geeignete Kurse und Pferde wie ambitionierte fortgeschrittene Reiter. Die Kleinsten striegeln und knuddeln in der Ponyschule ihre Lieblingstiere, lernen viel über sie und machen Balanceübungen auf dem Pferderücken. Für Anfänger gibt es Ausritte im Schritt, für versiertere Reiter im Galopp oder unter einem Motto wie »Sonnenuntergang« oder »Bachritt«.

Einen Überblick über das ganze Programm und die Termine kann man sich über die Webseite des Reitstalls verschaffen. Wer sich fürs Reiten registriert hat, bucht dort virtuell über das »Reitbuch« seine Stunden auf dem Rücken der Pferde und kann endlich wieder raus zu den Urlaubsgefühlen und den Abenteuern fahren. Es ist übrigens möglich, gleich ein paar Tage dort zu bleiben: Auf dem Pferdehof gibt es auch ein paar Gästezimmer.

TIPP: Bei der Brauerei Knoblach in der Kremmeldorfer Straße 1 in Litzendorf gibt's einen Biergarten und herzhaftes Essen, das der ganzen Familie schmeckt.

Adresse Kremmeldorfer Straße, 96123 Litzendorf-Schammelsdorf, Tel. 09505/7330 // ÖPNV Bus 927, Haltestelle Schammelsdorf // Öffnungszeiten Preise und Termine unter www.freizeitreitstall-schammelsdorf.de // ab 3 Jahre

102_DER SIEGER

Herr Müller und die Straße der Skulpturen

Ein Sieger aus Beton, die Freude ist ihm ins Gesicht geschrieben: In unmittelbarer Nähe des Parkplatzes gleich hinter Lohndorf in Richtung Tiefenellern steht seit 2017 eine überlebensgroße und ausdrucksstarke Skulptur, die alle Passanten mit ihrer Euphorie ansteckt. »Der Sieger« heißt sie, wie auf der Tafel daneben zu lesen ist. Der Berliner Künstler Harald Müller hat sie geschaffen, als Nachfolger eines in die Jahre gekommenen Vorgänger-Siegers. Es handelt sich dabei um eines der Hauptwerke der »Fränkischen Straße der Skulpturen«, eines Weges, der noch mehr zu bieten hat als die Naturschönheiten der Fränkischen Toskana.

Rund 30 Werke, abstrakte wie gegenständliche, sind entlang der insgesamt 7,5 Kilometer langen kinder- und kinderwagentauglichen Wegstrecke zu sehen. Manche von ihnen werden ab und zu durch andere ersetzt, Herr Müllers Sieger aber soll bleiben. Kunst raus aus dem Museum und mitten in die Öffentlichkeit zu bringen, das war das Ansinnen des Lohndorfer Künstlers Ad Freundorfer, auf dessen Initiative hin der Wanderweg neben einem Natur- auch ein Kunsterlebnis bieten sollte. In jedem Fall ist ihm hiermit eine besondere Variante der Street-Art gelungen.

»Der Sieger« ist ein hervorrgender Einstieg in den Weg. Grundsätzlich eignet er sich als Wanderung das ganze Jahr über – es sei denn, es ist zu eisig und matschig im Winter. Wer die wirklich einfache Strecke geschafft hat, darf anschließend gemeinsam mit Herrn Müllers Figur jubeln.

TIPP: Lust auf einen weiteren Skulpturenweg? Entlang des Fuß- und Radwegs von Pödeldorf nach Memmelsdorf stehen viele sandsteinerne Körper unter dem Titel »Figur im Fokus«.

Adresse 96123 Litzendorf // ÖPNV Bus 970, Haltestelle Lohndorf // Anfahrt Parkplatz außerhalb von Lohndorf, weiter Richtung Tiefenellern, rechts halten // für jedes Alter

103_DER WILDKATZENWEG

Auf den Spuren samtener Pfoten

»Gibt es hier echte Wildkatzen?« Diese Frage stellt sich zwangsläufig, wenn Familien den Naturerlebnisweg in Melkendorf in Begleitung von Wildkatze Waldemar entlangspazieren. Bei Waldemar handelt es sich um eine gezeichnete Katze, die immer wieder auftaucht und zeigt, wo's langgeht. Und ja, tatsächlich: Obwohl es in Deutschland für lange Zeit keine Wildkatzen mehr gab, sind sie inzwischen zurückgekehrt, und das auch in die Wälder rund um Melkendorf. Zu sehen sind die scheuen Jägerinnen eher nicht – aber dafür gibt's ja Waldemar, der an 16 Stationen veranschaulicht, was Wildkatzen und ihren Lebensraum ausmacht.

Ein guter Ausgangspunkt für die Wanderung ist die Hauptstraße des Örtchens. Unweit der Bushaltestelle gibt es an der Straße Parkmöglichkeiten. Neben der Haltestelle geht es ein paar Stufen hinauf zur ersten Station an der Alten Schule. Von dort aus zeigen Spuren und Wegweiser, wie es weitergeht. Knapp sechs Kilometer ist der Rundweg lang, zwei Stunden sollten Familien dafür einplanen. Ein großer Teil der Strecke führt durch den Wald.

TIPP: Am Flussweg in Melkendorf gibt es einen wunderbaren Spielplatz mit Seilbahn, Kletterpyramide und Schaukeln.

Die Wanderer begegnen dabei immer wieder verschiedenen kindgerecht präsentierten Infotafeln und Erlebnisstationen. Es gilt etwa, auf einer Baumwippe zu balancieren, mit Hilfe eines Baumtelefons durchzurufen und auf einem hölzernen Klangobjekt zu musizieren. Auch an einem Felsenkeller, dem Winterquartier von Fledermäusen, geht es vorbei. Neben Informationen über den Wald und die Tiere lernt man auch viel über den Weg des Wassers in der Gegend. Besonders an sonnigen Herbsttagen macht es Freude, die Strecke durch den Wald mit seinen bunt gefärbten Blättern zu gehen.

Adresse Melkendorfer Hauptstraße, 96123 Litzendorf // ÖPNV Bus 970, Haltestelle Melkendorf // ab 5 Jahre

104_DIE SEEHOF-WEIHER

Froschkonzert für Schwäne und Ringelnattern

Schloss Seehof, acht Kilometer vor den Toren Bambergs in Memmelsdorf gelegen, ist immer einen Besuch wert. Ein paar der prächtigen Räume der ehemaligen Sommerresidenz der Bamberger Fürstbischöfe kann man besichtigen, und durch den Park darf ohnehin jeder jederzeit spazieren. Alles ist hier vornehm gepflegt, es geht einmal ums Schloss herum, vorbei an der Orangerie, an beeindruckenden Skulpturen, an einem großen Brunnen und durch Laubengänge. Vom hinteren Parkbereich aus führen Tore hinaus auf wildere Wege um einen sogenannten Figurenweiher mit zwei Inseln, auf denen jeweils prächtige Skulpturen stehen, und um den Altsee. Allerspätestens jetzt wird es auch für Kinder richtig spannend.

Ungefähr zwischen Mai und August erlebt der Besucher hier ein einzigartiges, lautes Konzert. Unzählige Frösche quaken und röhren dann, was das Zeug hält, einer lauter als der andere. Das ist beeindruckend. Und weil die männlichen Tiere mit ihrem Gequake nicht nur Weibchen anlocken, sondern auch froschmeuchelnde Schlangen, kann es sein, dass der Besucher nicht nur die grünen Kleintiere, sondern auch Ringelnattern in den Weihern sieht.

Und das war es noch nicht mit der »Safari daheim«: Anfang Mai sind an den Weihern viele Wasservögel mit dem Nestbau und dem Nachwuchs beschäftigt. Da sind die Ente, die brütet, daneben ihre Artgenossin, die bereits stolz »alle meine Entlein« ausführt – und das Ehepaar Schwan, das gerade mit den Schnäbeln die Halme fürs Nest sammelt.

TIPP: Sprudel de luxe: Von Mai bis Anfang Oktober bietet die Kaskade im Schlosspark täglich von 10 bis 17 Uhr zu jeder vollen Stunde herrliche Wasserspiele.

Adresse Schloss Seehof, 96117 Memmelsdorf // **ÖPNV** Stadtbus 907, 927, Haltestelle Seehof // **Öffnungszeiten** Park und Weiher: ganzjährig; Schloss: April – 1. Nov. 9 – 18 Uhr, Mo geschlossen; Eintritt: Erwachsene 5 Euro, Kinder frei // für jedes Alter

105_DIE KELLERGASSE

Wo Fassbier auf Fledermäuse trifft

Auf 200 Jahre altem Pflaster geht es durch die 165 Meter lange Kellergasse, die seit dem 18. Jahrhundert in einen Hohlweg eingebettet ist. Links und rechts des Weges sind in die Mauern Eichentüren eingelassen. Über diese lassen sich die insgesamt 30 Keller betreten, die sich hier unter der Erde befinden. Entstanden sind die Räume, um untergäriges, vergleichsweise haltbares Bier über Monate hinweg bei optimaler Temperatur zu lagern: Acht Grad hat es ganzjährig in den Kellern. Weil diese Temperaturen nicht nur für Gerstensaft, sondern auch für Fledermäuse ideal sind, beziehen Letztere in den Unterhaider Kellern ihr Winterquartier. Und spätestens aufgrund dieser Tatsache ist die historische Gasse auch für Kinder spannend.

In speziellen Kellergassen-Kinderführungen lernen die Teilnehmer dann auch viel über die fliegenden Säugetiere. Mit Führerin Barbara Spies, der Kreisarchivpflegerin, dürfen sie in einen sogenannten Fledermauskeller hinabsteigen. Dort sind die Spalten und Ritzen zu sehen, in denen sich die Tiere während ihres Winterschlafs aneinanderschmiegen. Zwischen Oktober und April oder Mai sind die Keller allerdings tabu für Besucher – dann ist in Fledermaushausen Winterruhe angesagt. Barbara Spies bietet die Führungen etwa im Rahmen des Oberhaider Ferienprogramms an – und auch darüber hinaus kann die Archivarin über die Gemeinde gebucht werden. Das Bier, das ebenfalls noch in manchen Kellern gelagert wird – das ist dann eher das Schwerpunktthema der Führungen für Erwachsene.

Adresse Weinbergstraße/Kellergasse, 96173 Unterhaid, Gemeinde Oberhaid, Tel. 0951/3093447 // ÖPNV Bus 952, Haltestelle Unterhaid Ortsmitte // Öffnungszeiten nur im Sommerhalbjahr // ab 6 Jahre

TIPP: Der Gambrinus Keller, eine Wirtschaft in der Kellergasse, betreibt eine historische Kegelbahn aus dem 19. Jahrhundert, die gemietet werden kann (Tel. 0951/5191644). Wie früher müssen beim Spiel gefallene Kegel wieder von Hand aufgestellt werden.

106_ DER KREISLEHRGARTEN

Von Bienchen, Blümchen und Cola-Duft

Eine Pflanze, die nach Cola duftet – und Rosen, die genau wie Mamas Bodylotion riechen. Johannisbeeren zum Naschen. Ein Seerosenteich mit Fröschen, die lauthals quaken. Ein Gartenhäuschen mit begrüntem Dach. Im Kreislehrgarten Oberhaid können sich Kinder und Jugendliche mit grünem Daumen nach Lust und Laune umsehen, dazulernen und Wolfgang Settmacher vom Obst- und Gartenbauverein Oberhaid mit Fragen löchern. Das geht etwa an den Schausonntagen, die 14-tägig stattfinden (da dürfen auch Erwachsene kommen!), beim Ferienprogramm der Gemeinde oder bei Exkursionen mit der Schule. Da wird auch mal frischer Apfelsaft gepresst.

Der 1.200 Quadratmeter große Kreislehrgarten ist der Garten des Vereins für Gartenbau und Ortsverschönerung Oberhaid, und auch die Gemeinde und der Kreisverband Bamberg für Gartenbau und Landespflege stecken hinter dem Projekt. Hier findet jeder Inspiration, der sich gern im Garten beschäftigt. Im Teich schwimmen Wasserpflanzen, auf der Streuobstwiese liegt Obst – und das Insektenhotel ist fast ganz belegt. Wer Glück hat, begegnet in der grünen Oase sogar einer Ringelnatter. Im Bauerngarten wachsen Heilpflanzen, die im Sinne von Hildegard von Bingen, Pfarrer Kneipp und Hippokrates angelegt wurden. Wie früher Farbe auf Jacken und Kleider gekommen ist, erfährt man an den Infotafeln bei den Färberpflanzen. Wer eine Idee daheim verwirklichen will: Nur zu, jederzeit!

TIPP: In »The American Store« in Unterhaid (Im Maintal 7b) gibt's amerikanische Lebensmittel und Getränke zu kaufen – und natürlich auch viele tolle Süßigkeiten aus den USA!

Adresse Kapellenstraße, 96173 Oberhaid, www.ogv-oberhaid.de // **ÖPNV** Bahn, Bahnhof Oberhaid // **Öffnungszeiten** Schausonntage: Mai–Sept. immer am 1. und 3. So 14–17 Uhr; Eintritt frei // ab 6 Jahre

107_DAS SCHLOSS WEISSENSTEIN

Kinder-Menuett im Marmorsaal

Ein Knicks, ein Lächeln, ein Winken: Im dreigeschossigen, prunkvollen Treppenhaus von Schloss Weissenstein findet gerade das barocke Begrüßungszeremoniell statt. Und um ehrlich zu sein: Turbulent geht es dabei zu, auch wenn ein paar der Gäste vornehm mit Perücke und Krone ausgestattet sind. Aber sie befinden sich gar nicht in der Zeit, in der Lothar Franz von Schönborn im opulenten Empfangsbereich unter dem phantastischen Deckenfresko seine Besucher willkommen geheißen hat. Die vergleichsweise jungen Gäste stecken mitten in der Kinderführung des Hauses, die meist um die Schulferien herum im Schloss stattfindet. Um die damalige Epoche nachvollziehen zu können, schlüpfen die Kinder dabei in die Rollen von Gastgebern und Gästen. Und sie diskutieren über Kurfürsten und ein Porträt des Fürstbischofs. Warum er nicht lacht? Na, weil es mit der Zahnhygiene damals nicht weit her war und er sich für seine Beißer schämte! Wenn sie porträtiert wurden, kniffen die Adeligen ihre Münder meist zu.

Als Nächstes geht die Gruppe in die Muschelgrotte, und fasziniert achten die Kinder auf Details wie Muscheln, Glitzerfische und Steine. Auch die Skulpturen von Flussgöttern und Wassernixen begeistern. Feucht riecht es, aber sie befinden sich ja auch in einer Art Unterwasserwelt.

Der Höhepunkt der Führung findet im prunkvollen Marmorsaal statt. Die Gruppe legt dort ein Menuett aufs Parkett, Pardon, auf den Marmorboden. Zum Gesellschaftstanz ertönt barocke Musik.

Adresse Schloss 1, 96178 Pommersfelden, www.schloss.weissenstein.de // ÖPNV Bus 978, Haltestelle Schloss Weissenstein // Öffnungszeiten 1. April–31. Okt., Do–Mo 11–17 Uhr, Kinderführung z. B. am Fr vor den Pfingst- und Sommerferien, am 15.8., 30.10. und nach Absprache, Beginn: 14.30 Uhr; Eintritt: 6,50 Euro // 5–12 Jahre

TIPP: Nach der Schlossführung lohnt sich ein Picknick in der unberührten Natur des Schlossparks, der nach englischem Vorbild gestaltet wurde. Wenn der Korb oder der Kinderwagen zu groß fürs Drehkreuz ist, an der Schlosskasse melden, dann wird aufgesperrt (Erwachsene 1 Euro, Kinder 50 Cent).

108_DIE FILZGOLF-ANLAGE

Minigolf auf schwedische Art

Die Bahn sieht einfach aus: gerade, flach, keine Kurven – und das Hindernis hat eine große Öffnung, auf die man doch zielen können sollte. Doch weit gefehlt: Der Sohn trifft immer daneben und will noch mal und noch mal von vorne anfangen, bis er sieben Punkte auf den Zettel notieren muss. Die Tochter hat Glück und schafft es auf den zweiten Versuch, den Ball einzulochen. In jedem Fall ist Minigolf eine Wissenschaft für sich. Wer konzentriert und ruhig zielt, ist aber in der Regel gut dabei. In Strullendorf gibt es direkt neben der Hauptsmoorhalle eine Variante der beliebten Freizeitbeschäftigung: Dort wird Filzgolf gespielt, eine Minigolf-Version, die in Skandinavien und insbesondere in Schweden populär ist.

Filzgolf funktioniert ähnlich wie gewöhnliches Minigolf, unterscheidet sich aber doch im Detail. Der auffälligste Unterschied: Statt auf Anlagen aus Beton oder Eternit wird auf teppichartigem grünen Filz gespielt. Das sieht recht edel aus. Die Bahnen sind zudem in der Regel länger als die des Klassikers. In Strullendorf führen bei der längsten Bahn 13,5 Meter zum Ziel. Generell ist es beim Filzgolf häufig entscheidend, die Banden mit einzubeziehen. Wer sie nicht nutzt, braucht viel mehr Schläge als nötig. Gut für Kinder ist: Die Bahnen dürfen im Gegensatz zum Minigolf zum Spielen betreten werden. In der Regel erzielen sie hier bessere Ergebnisse.

Adresse Hauptsmoorstraße, 96129 Strullendorf // ÖPNV S 1, Haltestelle Strullendorf // Öffnungszeiten Sa, So ab 13.30 Uhr, in der Ferienzeit auch Mo–Fr ab 13.30 Uhr, Schließzeit je nach Jahreszeit unterschiedlich; Eintritt: Erwachsene 4,50 Euro, Kinder und Jugendliche (6–18 Jahre) 3,50 Euro // ab 4 Jahre

TIPP: Der Spielplatz zur Rechten der Filzgolf-Anlage ist eine Wucht. Besonders großen Spaß macht es, den Stachel der Hornissen-Rutsche hinabzusausen!

109_DER WEIHERER BIERGARTEN

Gaumenschmaus für kleine Gäste und große Gänse

Erst werden die Kinder gefüttert, dann die Gänse, Ziegen und Meerschweinchen: An den Weiherer Biergarten des Brauerei-Gasthofs Kundmüller ist ein beeindruckender Kleintierzoo angegliedert. Und, um ehrlich zu sein, meist klappt es nicht damit, dass zuerst die Kinder und dann die Tiere mit dem Essen dran sind: Der Nachwuchs ist nämlich in der Regel nicht zu halten, wenn er im idyllischen Landbiergarten ankommt, und erbettelt sich gleich mal einige Zehn-Cent-Stücke, um Tierfutter aus den ehemaligen Kaugummiautomaten an den Gattern zu ziehen. Erst wenn die Tiere pappsatt sind, kommen die Kinder in der Regel wieder an den Platz und bestellen sich dann selbst ihr Kindergericht, etwa die Pommes, die hier »Legga, schmegga, gut!« heißen, oder das Kinderschnitzel, das als »Auf die Rutsche, fertig, los!« auf der Karte steht.

Wenn die Kinder dann satt sind, geht der große Spaß gleich weiter. In der Anlage gibt es auch einen wunderbaren Spielplatz mit riesigem Kletterparcours, einer Seilbahn und vielen weiteren Spielgeräten, die das Herz eines jeden Klettermaxen höherschlagen lassen. »Ich mag noch nicht nach Hause«, heißt es in der Regel immer, wenn die Eltern mal nachhorchen. Macht aber nichts, denn die sind ja auch bestens mit Brotzeit versorgt und bestellen sich halt noch ein süffiges Weiherer Pils.

TIPP: Direkt neben dem Biergarten hat Familie Kundmüller in einem ehemaligen Pferdestall einen Hofladen eingerichtet. Dort gibt es neben selbst gemachten Fruchtaufstrichen, Senf und hausgemachter Wurst auch Produkte von benachbarten Höfen zu kaufen (www.michels-kleine-farm.de/hofladen).

Adresse Weiher 13, 96191 Viereth-Trunstadt, www.brauerei-kundmueller.de // **ÖPNV** Bus 952, Haltestelle Weiher // **Öffnungszeiten** warme Küche: Mo ab 16 Uhr, Di, Do–So 10–20.30 Uhr, Mi Ruhetag // ab 3 Jahre

110_ DIE HECKRINDER

Auer-Ochsentour in die Vergangenheit

Archaisch wirkende Ochsen mit imposanten Hörnern – wo kommen die denn her? Wer an der Weide zwischen Walsdorf und Kolmsdorf vorbeikommt, könnte zunächst mächtig erschrecken – so wild und bullig, wie die Rinder hier aussehen. Auf den zweiten Blick aber wirkt die Herde friedlich. Und mit etwas Hintergrundwissen ausgestattet, lohnt es sich, auch ein drittes Mal hinzusehen: Bei den beeindruckenden Tieren handelt es sich um Heckrinder, eine Rückzüchtung der längst ausgestorbenen Auerochsen. Das ist auch an einer Informationstafel zu lesen.

Die Ur-Rinder sorgen dafür, dass sich auch die Landschaft zurückbildet – und es nun hier, im Aurachtal, so aussieht wie vor vielleicht 100.000 Jahren, als andere Tiere als heute und nicht vor allem die Menschen die Landschaft prägten.

Wie früher die Auerochsen schaffen Heckrinder grasenderweise artenreiche Lebensräume. Weil sie jedoch im Gegensatz zu ihren Vorfahren kein Schilf fressen, kamen zur Herde noch Wasserbüffel und Konikstuten dazu. All das passiert im ursprünglich natürlichen Lebensraum der Auerochsen: Diese lebten bis zum Mittelalter tatsächlich in dieser Gegend und gaben dem wasserreichen Aurachtal seinen Namen.

Es ist ausdrücklich erlaubt, hier vorbeizuspazieren und sich ausführlich zu informieren. Auch vorbeizuradeln ist möglich: Der fast ebenerdige Radrundweg »Erlebnistour Aurachtal« führt familienfreundliche 17 Kilometer an der Weide entlang. Ein guter Einstieg mit Parkplatz ist Höfen Ortsmitte. Von hier aus gilt es, den Radweg Richtung Waizendorf zu nehmen.

Adresse Zettelsdorf, 96194 Walsdorf, www.stegaurach.de/erlebnistour-aurachtal // ÖPNV Bus 989, Haltestelle Zettelsdorf // für jedes Alter

TIPP: Wer noch mehr Tiere sehen will, fährt am besten ein paar Kilometer weiter zum Vogelbeobachtungsturm bei den Trabelsdorfer Weihern.

111_DAS OBSTPARADIES

Die Gräfin von Paris trifft Prinz Eitel Fritz

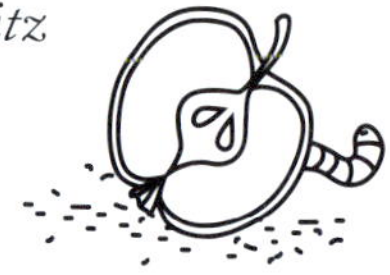

Die Namen lesen sich, als würden sie auf der Gästeliste einer Hochzeit des Hochadels stehen – die Gräfin von Paris und der Geflammte Kardinal geben sich die Ehre, der Gelbe Edelapfel und der Rote Herbstkalvill sowie die Köstliche von Charneux und Prinz Eitel Fritz. Und auch wenn diese klangvollen Titel nicht zu Personen des öffentlichen Lebens gehören, sind sie Besonderheiten: Sie wurden einigen der 200 verschiedenen historischen wie modernen Apfel- und Birnensorten verliehen, die im »Obstparadies Bamberger Land« in Lauf bei Zapfendorf wachsen.

Die Apfel- und Birnbäume geben in verschiedenen Formen, mal rotbackig, mal golden glänzend, einen Überblick über jahrhundertealte Streuwiesen-Kultur im Raum Bamberg. An jedem der Bäume steht der Name der Frucht. Wer sich darüber informieren will, warum gerade hier so viel Obst angebaut wurde und wird und warum das so wichtig für die fränkische Landschaft ist, kann die Schilder entlang des Lehrpfades lesen, der von einer Wiese zur nächsten und durch ein schönes Waldstück führt. Etwa zwei Kilometer lang ist der Wanderweg, ein guter Startpunkt ist der Parkplatz des 1. FC Lauf.

Genau wie im Garten Eden wird auch hier vor dem Sündenfall gewarnt: Die Früchte dürfen nur bewundert, aber nicht gepflückt werden – auch wenn das angesichts des herrlichen Obstes ziemlich gemein erscheint.

Ein Ausflug ins Obstparadies findet am besten zur Zeit der Apfelblüte im Frühjahr oder im Herbst zur Apfelernte statt.

TIPP: Das Aquarena in der Laufer Straße 49 in Zapfendorf ist ein attraktives Freibad mit einer 120 Meter langen Rutsche, einem Wellnessbecken samt Massagedüsen und einem großflächigen Planschbecken.

Adresse Mühlweg 40, 96199 Zapfendorf-Lauf // ÖPNV Bus 962, Haltestelle Lauf // Öffnungszeiten immer zugänglich // ab 4 Jahre

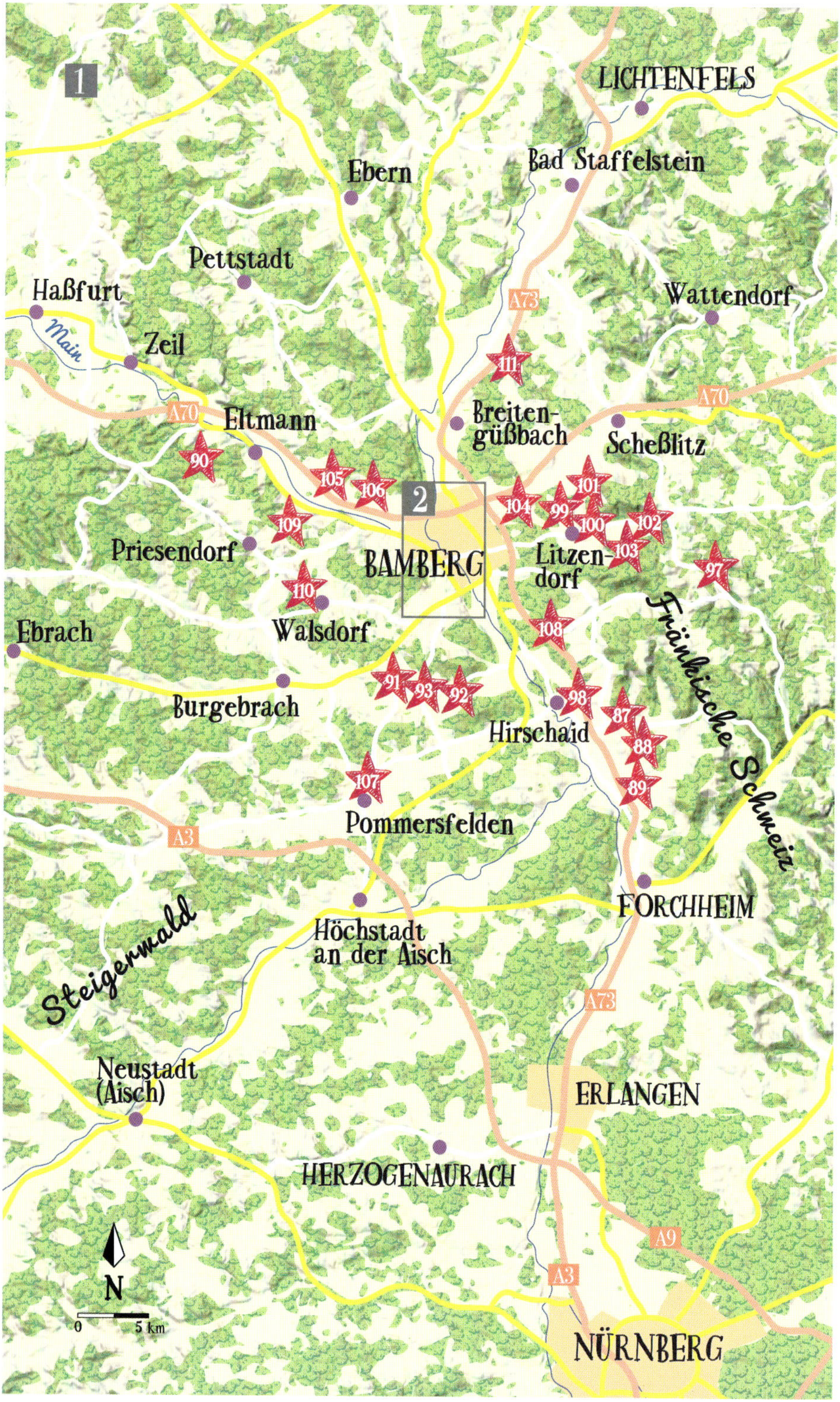
1
LICHTENFELS
Bad Staffelstein
Ebern
Pettstadt
Haßfurt
Main
Zeil
Wattendorf
A73
111
A70
Eltmann
Breiten-
güßbach
Scheßlitz
A70
90
105
106
2
104
99
101
100
102
109
Priesendorf
BAMBERG
Litzen-
dorf
103
97
110
Walsdorf
Ebrach
108
Fränkische Schweiz
91
93
92
Burgebrach
98
87
Hirschaid
88
89
107
Pommersfelden
A3
FORCHHEIM
Steigerwald
Höchstadt
an der Aisch
A73
Neustadt
(Aisch)
ERLANGEN
HERZOGENAURACH
A9
N
0
5 km
A3
NÜRNBERG

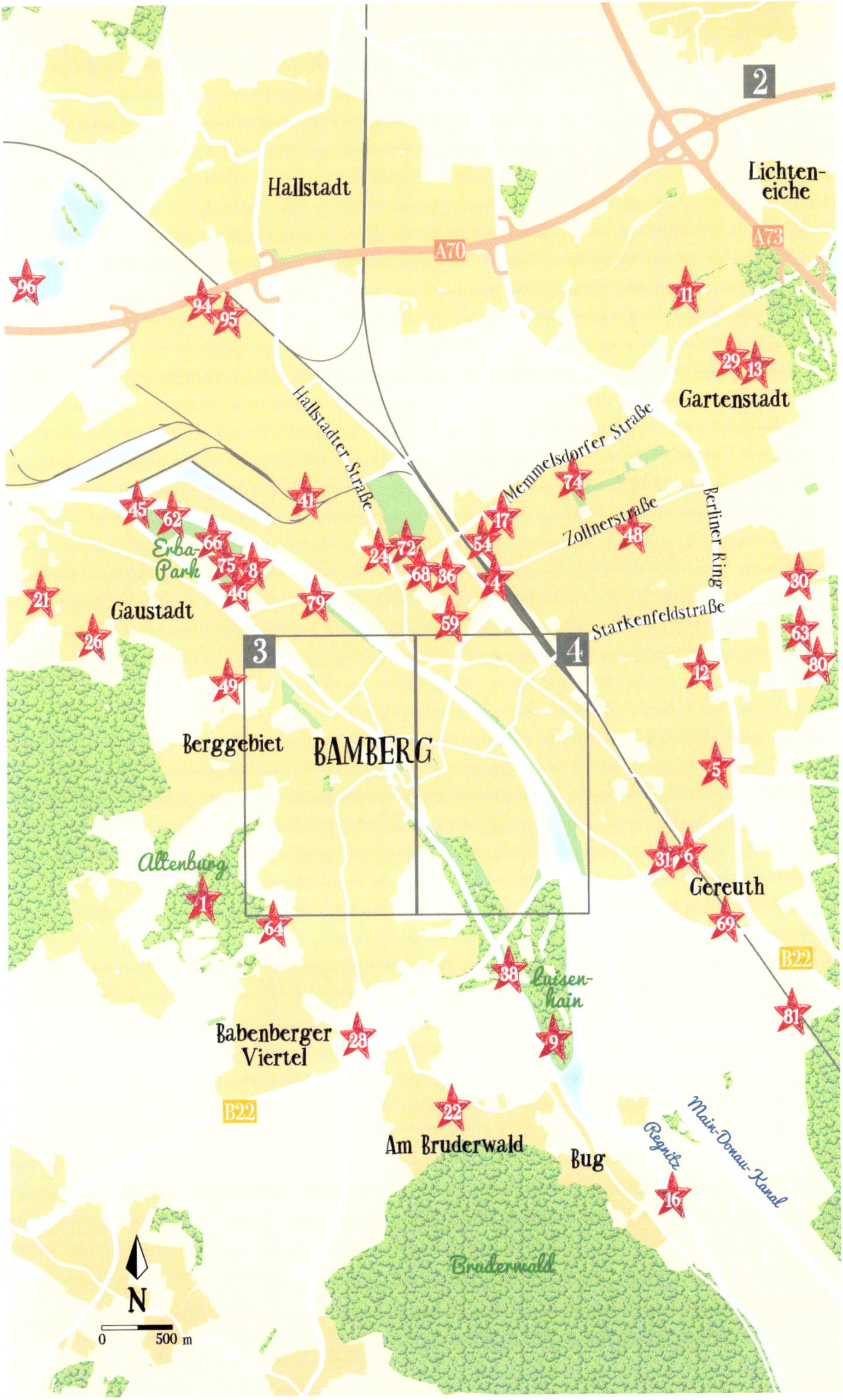

2
Lichten-
eiche
Hallstadt
A70
A73
96
94
95
11
29
13
Gartenstadt
Hallstadter Straße
Memmelsdorfer Straße
74
Berliner Ring
Zollnerstraße
45
62
41
17
48
66
Erba-
Park
24
72
54
75
8
68
36
4
30
21
46
79
Gaustadt
59
Starkenfeldstraße
63
26
3
4
80
12
49
Berggebiet
BAMBERG
5
Altenburg
31
6
Gereuth
1
64
69
B22
38
Luisen-
hain
81
Babenberger
Viertel
28
9
B22
22
Main-Donau-Kanal
Regnitz
Am Bruderwald
Bug
16
Bruderwald
N
0
500 m

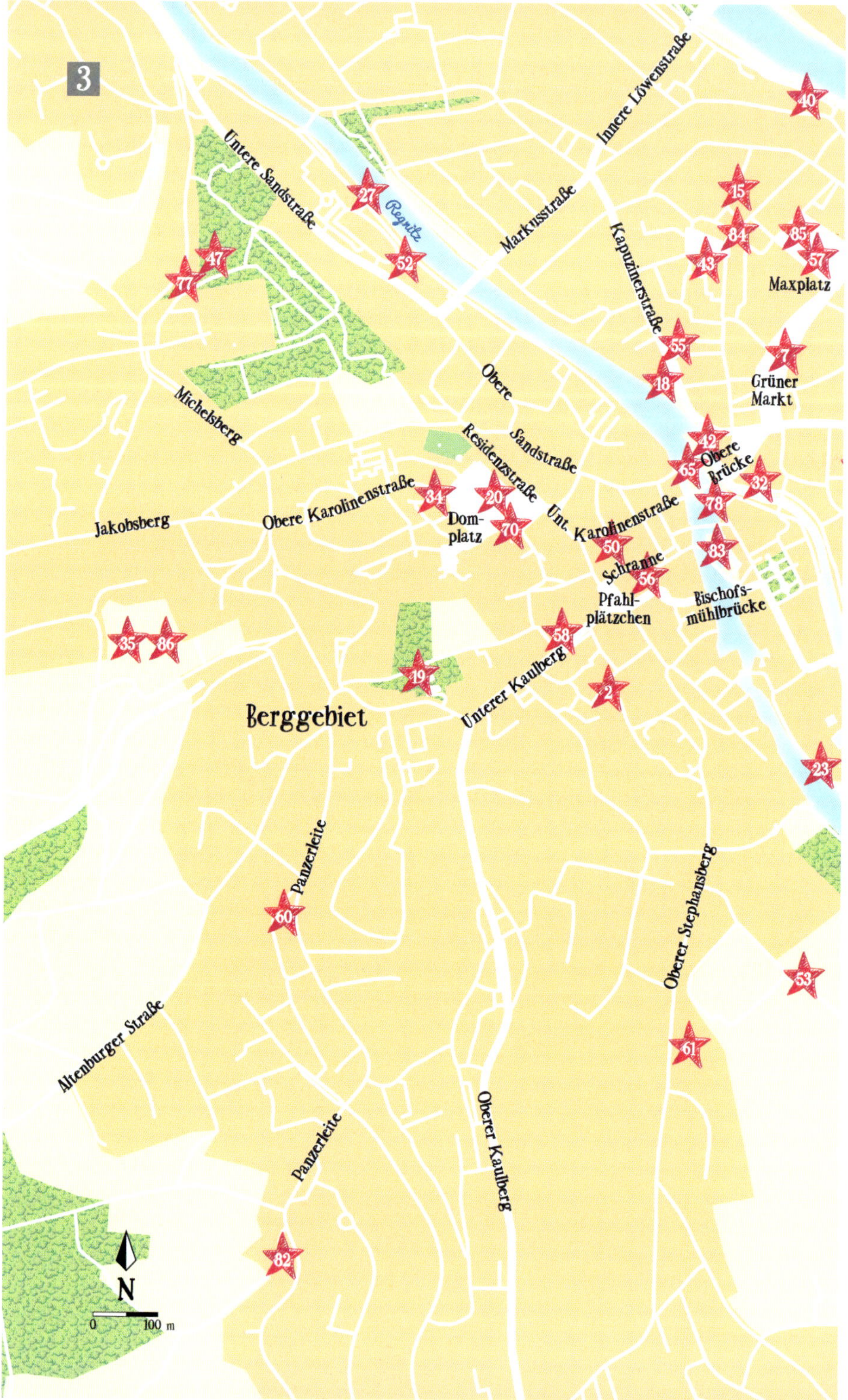
3
Untere Sandstraße
Regnitz
Markusstraße
Innere Löwenstraße
Kapuzinerstraße
Maxplatz
Grüner Markt
Michelsberg
Obere Sandstraße
Residenzstraße
Obere Brücke
Jakobsberg
Obere Karolinenstraße
Domplatz
Unt. Karolinenstraße
Schranne
Pfahlplätzchen
Bischofsmühlbrücke
Unterer Kaulberg
Berggebiet
Panzerleite
Oberer Stephansberg
Altenburger Straße
Oberer Kaulberg
N
0
100 m
40
15
27
84
85
57
47
52
43
77
55
7
18
42
65
32
34
20
78
70
50
83
56
58
35
86
19
2
23
60
53
61
82

4
Obere Königstraße
Kettenbrücke
Luitpoldstraße
Nürnberger Straße
Main-Donau-Kanal
ZOB
Willy-Lessing-Straße
Heinrichsdamm
Marienbrücke
Lange Straße
Friedrichstraße
Kunigundendamm
Hainstraße
R.-Wagner-Str.
Rhein-Main-Donau-Damm
Ottostraße
Schützenstraße
Regnitz
Hainstraße
Theresienhain
Münchner Ring
N
0
100 m
73
3
14
39
51
67
76
44
33
71
10
25
37

Sina Beerwald
111 Orte für Kinder auf Sylt, die man gesehen haben muss
ISBN 978-3-7408-0840-2

Katja Josteit
111 Orte für Kinder in Kiel, die man gesehen haben muss
ISBN 978-3-7408-0641-5

Alexandra Schlennstedt, Jost Schlennstedt
111 Orte für Kinder in und um Lübeck, die man gesehen haben muss
ISBN 978-3-7408-0845-7

Daniela Clément
111 Orte für Kinder in Hamburg, die man gesehen haben muss
ISBN 978-3-7408-0334-6

Isa Grütering, Natascha Korol, Theresia Koch
111 Orte für Kinder in Berlin, die man gesehen haben muss
ISBN 978-3-7408-0251-6

Janine Eck, Kristina Offermann
111 Orte für Kinder in Potsdam und Brandenburg, die man gesehen haben muss
ISBN 978-3-7408-0977-5

Cornelia Kuhnert,
Günter Krüger
111 Orte für Kinder in und um Hannover, die man gesehen haben muss
ISBN 978-3-7408-1293-5

Christina Bacher,
Norbert Breidenstein
111 Orte für Kinder in Köln, die man gesehen haben muss
ISBN 978-3-7408-0332-2

Julia Tzschätzsch
111 Orte für Kinder in Frankfurt, die man gesehen haben muss
ISBN 978-3-7408-0686-6

Charlotte Mohs
111 Orte für Kinder in Mainz, die man gesehen haben muss
ISBN 978-3-7408-0665-1

Franziska Lô
111 Orte für Kinder in und um Stuttgart, die man gesehen haben muss
ISBN 978-3-7408-0655-2

Anke Landleiter
111 Orte für Kinder in Nürnberg, die man gesehen haben muss
ISBN 978-3-7408-0852-5

Julia Schönborn
111 Orte für Kinder in Heidelberg, die man gesehen haben muss
ISBN 978-3-7408-0989-8

Florian Kinast
111 Orte für Kinder in München, die man gesehen haben muss
ISBN 978-3-7408-0431-2

Priska Lachmann
111 Orte für Kinder in Leipzig, die man gesehen haben muss
ISBN 978-3-7408-0654-5

Jenny Menzel
111 Orte für Kinder in Dresden, die man gesehen haben muss
ISBN 978-3-7408-0837-2

Martin Berke, Nina Fandler
111 Orte für Kinder in und um Düsseldorf, die man gesehen haben muss
ISBN 978-3-7408-0972-0

Bernadette Németh
111 Orte für Kinder in Wien, die man gesehen haben muss
ISBN 978-3-7408-0558-6

Simone Hausladen
111 Orte für Kinder in Zürich, die man gesehen haben muss
ISBN 978-3-7408-0988-1

© Hendrik Steffens

Nadine Luck ist Autorin und Journalistin und betreibt seit 2015 »Mama und die Matschhose«, einen der größten Familienblogs Deutschlands. In Bamberg verliebt sich die Zweifachmutter jeden Tag neu, die Gässchen, die Natur und die fränkische Lebensart bescheren ihr und ihrer Familie Dauerurlaubsgefühle.